HANNELORE GRIMM

Ein Kätzchen kommt ins Haus

KOSMOS ratgeber

Planung und Vorbereitung

Kauf und Eingewöhnung

Verantwortungsvolle Katzenhaltung

Die richtige Ernährung

Pflege und Vorbeugung

Service

Planung und

Vorbereitung
Überlegungen vor dem Kauf

Katzenhaltung erlaubt?

Bevor Sie sich entscheiden, ob eine Katze ins Haus oder in die Wohnung kommt, sollten Sie als Erstes die Frage klären: Darf ich überhaupt eine Katze halten?
Sind Sie Hausbesitzer, ist die Frage natürlich überflüssig. Aber auch der Besitzer einer Eigentumswohnung dürfte damit keine Probleme haben, denn er muss sich die Katzenhaltung von der Eigentümerversammlung nicht verbieten lassen – vorausgesetzt, die Katze stört die Hausgemeinschaft nicht in unzumutbarer Weise.

Mietvertrag In den meisten Mietverträgen ist die Tierhaltung genau geregelt und bedarf der Einwilligung des Vermieters. Er darf sie allerdings nur untersagen, wenn die Tierhaltung nachteilige Auswirkungen auf die Mietsache, z.B. Beschädigung der Wohnung, oder auf andere Mieter hat. Sobald der Vermieter aber auch nur einem anderen Mieter die Haltung einer Katze erlaubt, können Sie „gleiches Recht für alle" fordern und sich ein Kätzchen anschaffen.

Hauskatze oder Rassekatze?

Alle Katzen sind Individualisten, egal ob sie langes oder kurzes Haar, einen Stammbaum oder keinen besitzen. Sie unterscheiden sich lediglich in ihrem Äußeren und in ihren oft rassebedingten Eigenschaften.
Hauskatzen Die Mehrzahl aller Katzen gehören in die Familie der Hauskatzen. Es gibt sie in allen Farbschattierungen, wobei die Getigerten immer noch den größten Anteil ausmachen. Ihre Augen sind fast immer von grünlicher Farbe. Das kurze Haar ist relativ pflegeleicht, und dank ihrer angeborenen Sauberkeit übernimmt die Katze die meiste Pflege selbst.
Leider haben die meisten Hauskatzen einen ausgesprochenen Freiheitsdrang und sind deshalb als reine Wohnungskatzen nur bedingt zu halten.

Tipp

Wer seine Katze mehr im Haus oder in der Wohnung halten möchte, wird sich doch eher unter den Rassekatzen nach einem künftigen Hausgenossen umsehen. Rassekatzen werden seit etwas mehr als 100 Jahren gezüchtet, und es gibt sie in verschiedenen Variationen.

Tipp

Bevor Sie sich für Rasse- oder Hauskatze entscheiden, lernen Sie möglichst viele verschiedene Tiere kennen. Egal wie die Entscheidung dann aussieht: Die Katze wird Sie die nächsten 12 bis 18 Jahre begleiten.

Langhaarkatzen

Perserkatzen Die Perserkatze wird heutzutage in vielen Farbschattierungen gezüchtet: ein- oder mehrfarbig, mit Weiß, mit Zeichnungsmustern oder andersfarbigen Haarspitzen. Laut Standard sollen Perserkatzen einen breiten, runden Kopf mit vollen Wangen und weit auseinander stehenden kleinen Ohren haben. Die Augen sind groß, rund, und bis auf wenige Ausnahmen verlangt der Standard eine tieforangene oder kupferrote Farbe. Der gedrungene Körper ruht auf kurzen, stämmigen Beinen mit runden Pfoten. Das Fell soll lang, dicht und seidig sein, und der Schwanz kurz und buschig. Perserkatzen sind leider nicht besonders pflegeleicht, und das Kämmen sollte bei dieser Rasse zur täglichen Pflicht gehören. Gewöhnen Sie deshalb das Kätzchen schon vom ersten Tag an an die Schönheitspflege.

Colourpoint Zur Perserfamilie zählen auch die Colourpoints, früher auch Khmerkatzen genannt. Sie haben den Körperbau und das langhaarige Seidenfell der Perser, sind aber wie die Siamkatzen Teilalbinos, haben deren schöne blaue Augen und ihre Färbung, also eine hellere Körperfarbe und dunkler gefärbte Abzeichen im Gesicht, an den Ohren und Beinen sowie am Schwanz. Es gibt sie in allen Farbschattierungen der Siamesen.

Exotic Shorthair
Sie ist die kurzhaarige Variante der Perserkatze und wird in allen möglichen Perserfarben gezüchtet. Colourpoint und Exotic Shorthair sind wie die Perserkatzen nicht unbedingt pflegeleicht zu nennen.

Perser rot-weiß

1 

2 

1 *Perser Colourpoint*
2 *Birma*

Halblanghaarkatzen

Nicht ganz so pflegeintensiv sind die Halblanghaarrassen. Ihr Fell ist von ganz anderer Struktur und neigt nicht so sehr zum Verfilzen. Trotzdem sollte man auch bei ihnen ab und zu zum Kamm greifen.

Birma Die Birmakatze ist eine halblanghaarige Pointkatze mit einem mittelschweren, langen Körper und verhältnismäßig kurzen, aber kräftigen Beinen mit runden Pfoten. Die Fellzeichnung entspricht der der Siamesen, die Augen sind blau. Das besondere Merkmal dieser Rasse sind ihre vier weißen Pfoten.
Birma sind lebhaft, kontaktfreudig und manchmal extrem auf „ihren" Menschen geprägt. Sie schmusen gern und brauchen viel Ansprache.

Ragdoll Die Ragdoll hat den Körper und das Fell der Birmakatze, jedoch nicht deren weiße Pfoten. Es gibt sie in drei Varianten: Bicolor, Mitted und Colourpoint. Alle Ragdolls haben blaue Augen. Sie sind liebevolle, freundliche, zärtliche und neugierige Katzen, die gerne spielen und immer am Geschehen teilhaben wollen.

Maine Coon Die Maine Coons sind mit die größte und natürlichste Rasse. Sie hat sich ursprünglich im Bundesstaat Maine (USA) entwickelt.
Es sind halblanghaarige Katzen, deren Fell fließend, ohne filzende Unterwolle ist. Sie werden in vielen verschiedenen Farbvarianten gezüchtet.

Norwegische Waldkatze Wie der Name schon sagt, stammt sie aus Norwegen. Die wollig-weiche Unterwolle des Fells wird bedeckt von einem glatten, langen Deckhaar, das wasserabstoßend sein sollte. Die Norweger ist zwar eine große, kräftige und muskulöse Katze, aber trotzdem insgesamt schlank. Ihr Kopf ist dreieckig, mit langer Nase und geradem Profil. Die Ohren sind hoch am Kopf platziert, groß und spitz. Der äußere Eindruck dieser Katze ist der eines „wilden und kräftigen" Tieres. Den Kontrast hierzu bietet ihr Charakter: Sie ist lebhaft, aber sanftmütig, intelligent, äußerst anhänglich und menschenbezogen.

Somali Die Somalikatze ist die halblanghaarige Verwandte der Abessinierkatze. Alle Merkmale sind mit dieser Rasse identisch, bis auf das etwas längere Fell. Gerade durch dieses längere Fell drängt sich oft der Vergleich mit einem Luchs oder, in roter Ausführung, mit einem Fuchs auf.

Norgwegische Waldkatze

1 *Britisch Kurzhaar*
2 *Abessinier*

Kurzhaarkatzen

Abessinier Zu den ältesten Katzenrassen gehört die Abessinier. Bis heute verkörpert sie schlechthin das Schönheitsideal der eleganten, schmalen altägyptischen Katzengöttinnen. Ihr Fell ist dicht, kurz und fein. Das Besondere daran ist die Bänderung des einzelnen Haares (Ticking), weshalb sie früher auch „Hasenkatze" genannt wurde. Bei der normal- oder wildfarbenen Abessinier ist das Haar an der Wurzel hell, in der Mitte braun-orange und an den Spitzen schwarz. Es gibt sie aber auch in Rot, seltener in Blau, Fawn und den dazu passenden silbernen Varianten. Sie hat einen muskulösen, mittelgroßen und schlanken Körper.
Die Abessinier ist eine sehr zutrauliche und anschmiegsame Katze, die großen Mut besitzt. Sie ist überhaupt nicht nervös und macht von ihrer zarten Stimme nur selten Gebrauch. Die meisten Abys sind sehr geschickt. Alle sind begeisterte Kletterer, viele von ihnen können Türen öffnen. Es sind sehr lebhafte Katzen mit besonders ausgeprägtem Jagdtrieb – Ihre Wohnung ist mit einer Abessinierkatze garantiert fliegenfrei.

Britisch Kurzhaar Eine der beliebtesten Rassen ist die Britisch Kurzhaar. Die Gesamterscheinung dieser Katze sollte rund sein: runder Kopf mit kurzer Nase, große, runde, tieforangefarbene Augen und ein runder, schwerer,

1

2

Burma

massiger Körper. Das Fell soll gleichmäßig kurz und dicht sein, sodass es sich wie Samt anfühlt.
Die blaue Britisch Kurzhaar, früher auch Kartäuser genannt, ist wohl die bekannteste Vertreterin dieser Rasse. Es gibt sie heute aber praktisch in allen Farben und Farbkombinationen, die man von den Persern her kennt. Eine der neuesten Züchtungen ist die Britisch Kurzhaar Colourpoint.
Die Haltung dieser schönen, im Wesen recht ruhigen, unkomplizierten Katze ist relativ einfach, obwohl sie manchmal einen ordentlichen Dickkopf haben kann. Ihre Pflege ist weit weniger aufwendig als z.B. die der Perser. Trotzdem sollte altes, loses Haar, wie bei fast allen anderen Katzen auch, einmal in der Woche ausgekämmt werden.

Russisch Blau Die Russisch Blau ist ein charmantes, leises, jedoch willensstarkes Geschöpf. Zu ausgeglichenen Menschen mit leiser Stimme fühlt sie sich besonders hingezogen, Lärm und Wirbel mag sie gar nicht. Sie hat einen lang gestreckten, schlanken Körper und einen kurzen, keilförmigen Kopf mit weit auseinander liegenden, mandelförmigen Augen von lebhaftem, klarem Grün. Ihr typisches Merkmal ist das einzigartige doppelt dicke, silbergraue Fell.

Burma Eine mittelgroße Katze mit eng anliegendem, feinem und sehr kurzem Fell ist die Burma. Sie hat ein überwältigendes Temperament, große Bewegungs- und Spielfreude und ist sehr stark auf den Menschen bezogen.

Ocicat und Egyptian Mau Weitere Kurzhaarkatzen sind die Ocicat und die Egyptian Mau. Beides sind Katzen, die eine starke Tupfenzeichnung aufweisen und sehr temperamentvoll sein können. Es gibt sie in Europa noch relativ selten.

Rexkatzen Die Rexkatzen entstanden durch eine natürliche Mutation (zufällige Erbgutveränderung). Das Fell sieht dadurch gewellt und lockig aus. Man

Hallo ich bin Momo, eine Britisch Kurzhaar Katze in der Farbe Silbertabby und die jüngste Katze im Haus der Autorin. Da ich mich gerne fotografieren lasse, sehen Sie mich noch öfter in diesem Buch.

unterscheidet Devon-Rex, Cornish-Rex und German-Rex, alle drei gibt es in allen möglichen Farbvariationen.
Das ungewöhnliche Aussehen dieser Katzen ist gewöhnungsbedürftig, aber wer einmal eine Rexkatze sein eigen nannte, weiß, wie charmant und extrem anhänglich diese Katzen sein können.

Siam Die Siam gehört auch heute noch zu den bekanntesten Rassekatzen. Die vier Grundfarben sind Seal-point, Chocolate-point, Blue-point und Lilacpoint. An der Siam faszinieren ihre leicht schräg gestellten, mandelförmigen Augen von tiefdunkelblauer Farbe.

Info

Pointkatzen sind Teilalbinos. Sie haben im Kontrast zu ihrem hellen Köperfell an den „kälteren" Regionen des Körpers – an Gesicht, Ohren, Beinen und Schwanz – eine dunklere Farbe.
Pointkatzen kommen weiß auf die Welt, die charakteristische Zeichnung zeigt sich erst später.

Siamkatzen gehören zu den ältesten und bekanntesten Rassekatzen. Das seal-point Jungtier zeigt die klassische Farbe schwarz-braun. Die Mutter ist eine tabby-point Katze, eine der neueren Farbvarianten.

Bis Mitte der 50er Jahre war sie eine wesentlich kräftigere und rundköpfigere Katze, und bis zu dieser Zeit galten Knickschwanz und Schielen als typische Echtheitsmerkmale. Der heutige Typ ist extrem stromlinienförmig, und Schielen und Knickschwanz werden als schwere Fehler angesehen.

Orientalisch Kurzhaar Orientalisch Kurzhaar ist eine Gruppenbezeichnung für einfarbige, grünäugige Katzen vom Siamtyp. Eine Ausnahme bildet die „Foreign White“: Sie ist eine Siamkatze mit einfarbigem schneeweißem Fell und dunkelblauen Augen.
Siam und Orientalisch Kurzhaarkatzen sind schlanke, geschmeidige, elegante Tiere mit sehr lebhaftem Temperament und großer Anhänglichkeit. Zwar braucht ihr kurzes, seidiges Fell keine größeren Kämm- oder Bürstaktionen, doch will diese Katze stets geliebt und beachtet werden. Die Tiere verfügen außerdem über eine gut ausgebildete Stimme, die Ihnen so manches erzählen kann. Besonders lassen sie niemanden, auch nicht die Nachbarn, im Zweifel, wenn sie auf Partnersuche sind.

Balinesen und Javanesen Stellen Sie sich eine große, schlanke Siam vor und kleiden Sie sie in langes, feines, seidiges Haar, und schon haben Sie einen Balinesen.
Die langhaarige Form der Orientalisch Kurzhaarkatze ist der Javanese. Seine Stimme ist manchmal nicht so laut und beharrlich wie die der Siam, hat aber doch unmissverständlich den Ton der Siamkatzen.

Katze oder Kater?

Es gibt keine gravierenden Unterschiede im Verhalten, beide sind gleich intelligent, lieb und verspielt. Der einzige Unterschied liegt in der Größe: Kater werden meist etwas größer. Außerdem ist die Kastration bei ihnen einfacher.

Sollten Sie sich für eine Rassekatze entschieden haben und mit dem Gedanken spielen, evtl. zu züchten, so ist es besser, eine Kätzin zu nehmen. Denn es ist leichter, eine unkastrierte Katze zu halten als einen unkastrierten Kater. Mit beginnender Geschlechtsreife wird der Kater (je nach Rasse der eine früher, der andere später) anfangen, sein Territorium (also Ihre Wohnung) zu markieren. Der strenge Geruch dieses „Spritzens" ist äußerst unangenehm, deshalb ist es auch sehr schwierig, einen Deckkater zu halten.

Wenn zwei Katzen so hübsch anzusehen sind und den Betrachter auch noch so lieb anschauen, fällt es schwer, sich für eine zu entscheiden.

Momo und ihre Freundinnen

Kinder und Katzen

Fast alle Kinder durchlaufen einmal die Phase, in der der Wunsch nach einem Tier wach wird. Am allerliebsten wollen sie ein Tier zum Anfassen und Erleben, besonders gern eine Katze.

Verantwortung Die Unterbringung, die tägliche Pflege und Versorgung müssen gemeinsam eingehend beraten werden. Sollten wichtige Argumente gegen die Haltung einer Katze sprechen, so lenken Sie vielleicht die Vorstellungen des Kindes behutsam in eine realisierbare Richtung, z.B. die Pflege eines Zwergkaninchens oder Meerschweinchens.
Fest steht, dass eine Pflegeaufgabe für die charakterliche Entwicklung des Kindes einen unschätzbaren Wert besitzt. Geduld und Toleranz sowie Verantwortungsgefühl gegenüber einem ihm anvertrauten Lebewesen werden geweckt.

Gute Freunde Kind und Katze wachsen gemeinsam auf, gewöhnen sich aneinander und behandeln sich gegenseitig wie nachsichtige Freunde. Ein Kind mit einer Katze ist nie allein. Sie ist für das Kind kein Spielzeug, sondern Spielgefährtin und Vertraute, der man alle Geheimnisse anvertrauen kann, ohne dass sie sie verrät.

Die Katze respektieren Da die Katze als geborener Einzelgänger sehr eigenbrötlerisch sein kann und, wenn ihr etwas nicht passt, auch mal die Pfote erhebt, können Kinder durchaus den einen oder anderen Kratzer abbekommen. Außerdem hassen Katzen lautes Kreischen und plumpe Bewegungen.

Mit gutem Beispiel voran Besonders kleine Kinder sind nun mal lebhaft und neigen dazu, Katzen nachzulaufen, sie gegen ihren Willen festzuhalten und bei Krallenhieben zurückzuhauen oder zu treten. Wird die Katze daraufhin von den Erwachsenen geschlagen, kann es zu Verhaltensstörungen kommen. Die Katze kann scheu, unsauber oder sogar aggressiv werden. Letztendlich kann es darauf hinauslaufen, dass die total verstörte Katze dem Züchter oder Vorbesitzer zurückgegeben oder ins Tierheim abgeschoben wird. Zum Glück ist das

Tipp

Wichtig ist es, das Kind bei eventuell fehlerhaftem Umgang mit dem Tier nicht ständig zu maßregeln, denn das kann zu Aggressionen des Kindes gegen die vermeintlich vorgezogene Katze führen. Normalerweise gewöhnen sich Kinder und Katzen schnell aneinander, und meist entsteht daraus eine Freundschaft fürs Leben.

Mit der richtigen Anleitung werden Kind und Katze schnell ein tolles Team.

die Ausnahme, denn heutzutage wissen die meisten Eltern um die Verantwortung für Kind und Tier.

Aus einem Kinderhaushalt Ideal ist es, sich ein Kätzchen anzuschaffen, das aus einem Haushalt mit Kindern stammt. Bei einigen Züchtern leben Kinder, Hund und Katze in trauter Eintracht zusammen. Das funktioniert, weil die Eltern Verständnis haben und Anleitung im Umgang mit der Katze geben können.

Katzen als Geschenk?

Leider kommt es immer noch vor, dass Menschen aus Gedankenlosigkeit (oder aus welchem Grund auch immer) ein Tier kaufen wie andere ein Radio oder ein Computerspiel: als Geschenk für den Geburtstag oder unter den Weihnachtsbaum. Ein Tier ist aber kein Spielzeug, das Sie nach den Festtagen in eine Ecke stellen können, bei Bedarf hervorholen, etwas streicheln oder zwischendurch nur abzustauben brauchen.

Der falsche Zeitpunkt Auch ist der Zeitpunkt für das Eingewöhnen eines neuen Mitbewohners äußerst ungünstig, denn man hat an Festtagen kaum Zeit und Geduld, um sich mit dem Neuankömmling zu beschäftigen.

Ruhe und Zeit Günstig wäre es, wenn Sie das Kätzchen, wenn es denn unbedingt zu einem Festtag verschenkt werden soll, erst nach den Feierlichkeiten dem neuen Besitzer übergeben. Man kann ja ein Foto oder ein Plüschtier zur Feier mitbringen. Danach hat dann das Kätzchen Zeit, sich an die neue Umgebung und den neuen Menschen zu gewöhnen.

So ist es richig Ein lebendes Tier kann das Schönste aller Geschenke sein, wenn es ein lang gehegter Wunsch des Beschenkten war und alle Vorbereitungen getroffen wurden. Ein Tier braucht über Jahre unsere Zuneigung und Liebe, es will sich versorgt und verstanden wissen. Denken Sie deshalb immer daran: Eine Katze oder ein anderes Tier ist kein Überraschungsgeschenk!

Mit etwas Geduld können Hund und Katze sogar Freunde werden.

Hund und Katze

Die beiden sind „wie Hund und Katz", heißt es in der Redewendung, wenn zwei Menschen sich nicht „riechen" können. In der Realität muss das nicht so sein, im Gegenteil: Wenn sie miteinander aufwachsen, verstehen sich Hund und Katze verblüffend gut.

Missverständnisse Sollten allerdings zwei erwachsene Tiere aufeinander treffen, so kann es in der Tat zu Problemen kommen. Das liegt an den unterschiedlichen Körpersprachen von Hund und Katze.

Wedelt ein Hund mit dem Schwanz, bedeutet das für ihn Freude und Wohlbefinden, für die Katze heißt Schwanzschlagen jedoch beginnender Ärger und Angriffslust.

Das Heben der Pfote ist ein Zeichen der Verteidigungsbereitschaft bei Katzen, beim Hund jedoch eine freundliche Geste. Katzen fliehen stets vor großen Tieren, wogegen Hunde flüchtende Tiere instinktiv verfolgen, und schon ist die Jagd im Gange.

Aneinander gewöhnen Es gibt dennoch Wege, Hund und Katze aneinander zu gewöhnen, wenn einer von ihnen bereits im Haushalt anwesend ist. Grundsätzlich gilt, dass einer der beiden noch jung sein muss. Halten Sie für ein oder zwei Tage Hund und Katze in getrennten Zimmern, und wechseln Sie dann die Katze ins Hundezimmer und umgekehrt. So gewöhnen sie sich an den Geruch des anderen.

Dann bringen Sie beide vorsichtig zusammen, beruhigen sie und reden beiden gut zu. Anschließend dürfen Sie beide mit einem Leckerbissen belohnen. Das wiederholen Sie so oft wie nötig, und Sie werden sehen: Es klappt vorzüglich.

Tipp

Die Heime von Vögeln, Hamstern, Meerschweinchen und anderen Kleintieren sollten kippsicher und stets außerhalb der Reichweite der Katze aufgestellt werden, schon um den kleineren Tieren den Stress des Anblicks ihres natürlichen Feindes zu ersparen. Sicherheitshalber lassen Sie diese Mitbewohner niemals unbeaufsichtigt mit der Katze allein, denn bereits ein kleines Missverständnis kann den Jagdinstinkt der Katze wecken.

Diese drei sind keine großen Katzenfreunde.

Andere Heimtiere

Bei anderen Tieren ist Vorsicht geboten. Wer Kleintiere wie Fische, Vögel oder Kleinnager neben seiner Katze beherbergen möchte, kann dies durchaus bewerkstelligen. Er muss nur einige grundsätzliche Bedingungen beachten.

Katzen können angeln Katzen sind leidenschaftliche Fischer. Decken Sie also Ihr Aquarium ab, sodass das Kätzchen gar nicht erst in Versuchung geführt wird, darin zu „angeln“. Die meisten Katzen sitzen oft stundenlang davor, sozusagen ein hervorragendes „Fernsehprogramm“ für Stubentiger.

Nur ein Waffenstillstand Oftmals gelingt es, dass Katzen und andere Tiere in friedlicher Koexistenz zusammenleben. Die anderen werden in Ruhe gelassen und als Mitbewohner akzeptiert. Doch meist gilt dieser Waffenstillstand nur im Wohnbereich.

Mit Geduld Haben Sie also keine Angst, wenn schon andere Tiere bei Ihnen leben. Mit Vorsicht, Geduld und den genannten Regeln lässt es sich wunderbar mit Katze und anderen Tieren leben. Es können daraus sogar innige Tierfreundschaften entstehen.

Wurfgeschwister

Tipp

Um alle Zweifel auszuräumen: Katzen denken nicht in Quadratmetern. Wo eine Katze Platz hat, reicht er auch für die zweite. Wissenschaftlich ist bewiesen, dass zwei Katzen länger leben, wenn sie sich im gemeinsamen Spiel mehr bewegen und glücklicher sind.

Zwei Katzen

Grundsätzlich sind Katzen nicht gern lange allein in der Wohnung. Ein Tag dauert für eine Katze manchmal eine Ewigkeit. Es ist deshalb nicht artgerecht, Katzen acht Stunden oder länger allein zu lassen. Selbst wenn Katzen nicht so schnell zu Neurosen neigen wie Hunde, können sie – oft und lange allein gelassen – früher oder später psychische Schäden bekommen, z.B. unsauber werden.

Gemeinsam nie einsam Wer trotzdem nicht auf eine Katze verzichten will, dem bietet sich die Möglichkeit, zwei Katzen zu halten – eine wunderbare und ideale Lösung. Wenn Sie noch keine Katze haben, wäre es die glücklichste Lösung, von vornherein zwei gleichaltrige Kätzchen zu nehmen, am besten aus demselben Wurf. Am unproblematischsten sind gleichgeschlechtliche Geschwister, bei denen müssen Sie dann nicht mit unerwünschtem Nachwuchs rechnen.

Eine zweite Katze eingewöhnen
Wenn Sie bereits eine Katze haben, können Sie ihr während der ersten sechs Monate ohne weiteres ein Kätzchen zugesellen. Bei einer erwachsenen Katze sollte das Zweitkätzchen drei bis vier Monate alt sein. Hier gibt es die wenigsten Probleme mit einem Tier des entgegengesetzten Geschlechts. Damit sich die beiden gleich vom ersten Tag an „besser riechen" können, pudern Sie beide ein oder besprühen Ihre Hände mit Ihrem Parfüm oder Rasierwasser und bestreichen beide Tiere damit. Ansonsten können Sie es auch so machen, wie bei Hund und Katze beschrieben (Seite 16).

Wo bekommt man ein Rassekätzchen?

Züchter Wenn Sie sich für eine Rassekatze entschieden haben, kommt eigentlich nur ein Züchter infrage, bei dem Sie solch ein Kätzchen erwerben können. Leider gibt es immer noch Geschäfte, die Hunde und Katzen anbieten. Eine seriöse und gut geführte Zoofachhandlung verzichtet aber auf Ausstellung und Verkauf so pflegebedürftiger Tierkinder. Dafür bietet sie Beratung sowie Zubehör an und vermittelt Züchteradressen.
Manche Züchter inserieren in der Tagespresse oder den Fachzeitschriften, z.B. in „Katzen extra", „Geliebte Katze", „Ein Herz für Tiere", oder Sie wenden

Wer ist hier wohl der Kater? – Ganz klar: der Dicke in der Mitte.

sich an Katzenverbände (Adressen finden Sie im Serviceteil auf S. 62).

Tipp
Vielleicht machen Sie sich auch die Mühe und schauen sich einige Zuchten an, um dann zu entscheiden, bei wem Sie Ihren neuen Lebensgefährten kaufen. Seien Sie immer kritisch und lassen Sie Ihren gesunden Menschenverstand walten. Schwarze Schafe gibt es leider überall.

Ausstellungen Auf Katzenausstellungen sieht man an manchen Käfigen ein Schild „Jungtiere zu verkaufen". Das ist an und für sich nicht verwerflich, nur sollten Sie direkt von der Ausstellung kein Kätzchen mit nach Hause nehmen. Man kann Kontakt mit dem Züchter aufnehmen, und jeder seriöse Züchter wird sowieso darauf bestehen, dass Sie bei ihm zu Hause das Kätzchen anschauen.

Auf diese Weise lernen Sie auch gleich das Heim des Katzenkindes kennen, Sie haben Zeit, mit dem Züchter zu reden, um Tips und Ratschläge zu bekommen. Mancher Züchter bringt Ihnen anschließend das Kätzchen nach Hause. Er sieht dann, wie sein Tier untergebracht wird, und kann nochmals mit Rat und Tat zur Seite stehen. Halten Sie solche Züchter nicht für misstrauisch, sondern freuen Sie sich, dass er sich so um seine Katzen bemüht.

So nicht! Eigentlich wollte ich nicht über Tierhändler schreiben, aber es gehört nun einmal hierher: Lassen Sie die Finger von solchen Tieren! Die meisten haben einen weiten Weg hinter sich und dadurch oft psychische und gesundheitliche Schäden erlitten. Der Stammbaum ist oft das Papier nicht wert, auf dem er geschrieben ist, und welcher verantwortungsvolle Züchter verkauft schon seine Kätzchen in unbekannte Hände?
Lassen sie also die Finger von unseriösen Händlern.

Wo bekommt man ein Hauskätzchen?

Ein Hauskätzchen zu bekommen dürfte nicht so schwierig sein. Es besteht die Möglichkeit, auf einem Bauern- oder Reiterhof ein Kätzchen zu erwerben. Die Kätzchen, die dort zu erstehen sind bzw. gratis abgegeben werden, freuen sich bestimmt auf Sie und Ihr Zuhause.

Nachbarschaft oder Tierheim Vielleicht hat eine Katze in der Nachbarschaft gerade einen Wurf, was nicht das Schlechteste wäre, denn man kennt die Katze und kann die Entwicklung der Kleinen verfolgen. In Tierheimen oder bei privaten Katzenhilfen gibt es bestimmt eine Möglichkeit, an ein Kätzchen zu kommen. Ein gut geführtes Tierheim oder die Katzenhilfe gibt Katzen in der Regel geimpft und tierärztlich untersucht ab, gegen eine Schutzgebühr oder eine Spende. Adressen bekommen Sie beim Tierarzt oder im Zoofachgeschäft.

Das Alter des Kätzchens

Rassekatzen bekommt man erst im Alter von mindestens zwölf Wochen,

Hauskätzchen gibt es in so vielen verschiedenen Farbvarianten, dass einem die Wahl oft schwer fällt. Aber ob schwarz, ob grau, ob tabby oder nicht, jede hat ihren eigenen Charme und Charakter – darauf kommt es schließlich an.

Soll es ein Katzenkind oder eine erwachsene Katze sein?

da die kleinen Kätzchen bei der Abgabe entwurmt und geimpft sein müssen. Die erste Impfung erfolgt im Alter von sieben bis acht Wochen, drei Wochen später die Wiederholungsimpfung, also sind die Kätzchen dann mindestens elf Wochen alt. Um eine evtl. Impfreaktion abzuwarten, behält der Züchter sie noch eine Woche, bevor er sie dem neuen Besitzer übergibt.

Mindestens acht Wochen Bei einer Hauskatze vom Bauernhof oder von privat ist fast jeder Besitzer froh, wenn ihm das kleine Tier nicht mehr zur Last fällt und er einen neuen Besitzer gefunden hat, der es möglichst frühzeitig zu sich nach Hause mitnimmt. Das Kätzchen sollte aber mindestens acht Wochen alt sein, weil es bis dahin den Kontakt zu Mutter und Geschwistern braucht. Für die tierärztliche Betreuung, v. a. für die nötigen Imfpungen, muss dann der neue Besitzer selbst sorgen.

Check Verantwortung
Regeln für Katzenfreunde

- Informieren Sie sich vor dem Kauf einer Katze so gründlich wie möglich.
- Sie tragen für die nächsten 12 bis 18 Jahre die Verantwortung für Ihre Katze – Tag für Tag.
- Katzenhaltung kostet Zeit und Geld – Sie müssen bereit sein, beides zu investieren.
- Eine Katze braucht täglich Zuwendung und sorgfältige Pflege, um sich wohl zu fühlen.
- Überlegen Sie vor der Anschaffung, was mit der Katze während Ihres Urlaubs passieren soll.
- Eine Katze ist kein Spielzeug – auch nicht für Kinder.
- Eine Katze ist kein „Ersatzhund“. Sie lässt sich zwar erziehen, aber fast nie dressieren. Wer sich aus Zeitgründen eine „pflegeleichte“ Katze anschaffen will, sollte dies nicht tun!
- Katzen haben Krallen und Fell – Sie hinterlassen Spuren in der Wohnung.
- Kaufen Sie nie eine Katze, weil es „chic“ oder „in“ ist.

Was braucht mein Kätzchen?

Bevor das Kätzchen zu Ihnen nach Hause kommt, sollten Sie für die Grundausstattung sorgen.
Was Sie dafür alles benötigen, bekommen Sie auf der vorderen Umschlagklappe dieses Buches genau gezeigt und erklärt. Eine Checkliste hilft Ihnen dabei, nichts zu vergessen.

Kauf und

Eingewöhnung
Das Kätzchen kommt ins Haus

Was kostet eine Katze?

Grundsätzlich fallen bei allen Katzen die Kosten für den Unterhalt an. Für Futter, Streu und Pflegemittel muss mit etwa 3 € pro Tag gerechnet werden. Dazu kommen die jährlichen Impfungen gegen Katzenseuche, -schnupfen, evtl. Leukose und Tollwut.
Bei einer Rassekatze muss man für ein gesundes, entwurmtes und geimpftes Jungtier mit Stammbaum mit etwa 300 bis 500 € rechnen. Es gibt aber auch seltenere Rassen und außergewöhnliche Farben, Zucht- und Ausstellungstiere, für die entsprechend mehr bezahlt werden muss. Diese Angaben sind nur Richtwerte, da der Preis letztlich Sache des Züchters ist.

Beim Kauf beachten

Sie haben sich für eine Rassekatze entschieden und einen Züchter Ihres Vertrauens gefunden. Fragen Sie ihn nach der Gesundheitsvorsorge. Wichtig ist, dass der gesamte Bestand auf Leukose und FIV getestet und negativ ist.
Die Katzenleukose und FIV (Felines Immunschwäche-Virus, sog. „Katzenaids") sind Viren, die das Immunsystem der Katzen schwächen bzw. zerstören. Eine Übertragung auf den Menschen ist nicht möglich.

Tipp

Neben dem Stammbaum, der vom Zuchtamt eines seriösen Verbandes unterschrieben sein muss, gehört der Impfpass des Tierarztes zu jeder Katze. Der Impfpass bestätigt, dass das Kätzchen gegen Katzenseuche und Katzenschnupfen (Grundimmunisierung) geimpft wurde.

Ist das Kätzchen gesund?

Egal ob Sie sich für eine rassereine oder rasselose Katze entschieden haben und woher Sie sie bekommen, schauen Sie sich das Tier genau an. Nachdem Sie sich gründlich die Hände gewaschen haben, spielen Sie ein wenig mit dem Kätzchen, nehmen es auf und tasten den Leib vorsichtig ab und achten dabei auf die in der Checkliste genannten Punkte.

Die Auswahl

Ob Sie das ruhigste, verspielteste oder frechste Kätzchen aus dem Wurf nehmen, bleibt Ihnen überlassen. Sie sollten das Kätzchen wählen, das charakterlich am besten zu Ihnen und Ihren Erwartungen passt. Nehmen Sie sich Zeit, spielen Sie mit den Kätzchen und beobachten Sie die einzelnen Tiere ganz genau
Gehen Sie mit Bedacht vor, denn Sie erwerben keinen Gegenstand, den man notfalls wieder umtauschen kann, sondern einen Freund, der Sie über Jahre begleiten wird.

Check Gesundheit
So sieht ein gesundes Kätzchen aus

- Der Bauch darf nicht dick, aufgebläht, hart oder gespannt sein.
- Der After muss sauber sein und darf nicht riechen.
- Die Augen sind klar, das dritte Augenlid (Nickhaut) ist nicht zu sehen.
- Das Zahnfleisch ist rosa, die Zähne sind weiß und das Gebiss zeigt keine Verformungen (Über- oder Unterbiss).
- Die Ohren müssen sauber und ohne schwarze Krusten (Hinweis auf Ohrmilben) sein.
- Das Fell ist dicht, weich, glänzend und sauber, ohne Knoten oder Verfilzungen. Es weist keine kahlen Stellen auf.
- Die Haut ist frei von Ausschlägen und Entzündungen.
- Im Fell dürfen keine Parasiten zu finden sein. Kleine schwarze Punkte sind Flohkot und weisen auf einen Befall mit diesen Plagegeistern hin.

Vorsicht

Kaufen Sie nie eine Katze, wenn Sie den leisesten Verdacht auf eine Krankheit haben! Es erspart Ihnen viel Ärger und hohe Tierarztkosten. Junge Katzen sind lebhaft und verspielt, niemals scheu und apathisch.

Das Kätzchen abholen

Der große Tag ist gekommen, und Sie können Ihr Kätzchen zu sich nach Hause holen. Sie setzen das Kätzchen in den Transportbehälter und lassen es bitte darin, bis es in seinem neuen Heim angekommen ist – sollte es in seinem „Gefängnis" auch noch so toben oder klagend miauen. Sicher ist sicher und erspart jede Menge Ärger. Bei einer Rassekatze bekommen Sie noch den Stammbaum und den Impfausweis. Viele Züchter geben Ihnen auch die bisher verwendete Katzenstreu und Futter für die ersten paar Tage mit.

Die ersten Tage

Sicher ist es von Vorteil, wenn Sie am Anfang das Kätzchen nicht zu viel alleine lassen. Ein paar Tage Urlaub oder ein freies Wochenende genügen zur Eingewöhnung. Es sollte in dieser Zeit nicht allzu turbulent zugehen. Natürlich sind die Bekannten oder Freunde Ihrer Kinder neugierig auf den neuen Mitbewohner. Verschieben Sie diese Besichtigungsbesuche aber auf später, wenn das Kätzchen sich eingewöhnt hat. Denken Sie daran, was für eine Umstellung es für das junge Tier bedeutet, von seiner Mutter und den Geschwistern getrennt, in fremder Umgebung mit fremden Stimmen und Gerüchen zu sein.

Die ersten Schritte Kommt man mit dem Kätzchen ins neue Heim, so stellt man das Transportbehältnis am besten mitten ins Zimmer und bietet dem Kätzchen die Möglichkeit, selbst aus der Box herauszukommen.
Auf keinen Fall sollten Sie es herauszerren. Sie brauchen eigentlich gar nichts zu tun. Erfreuen Sie sich an der Beobachtung, wie ein kleines Kätzchen

1 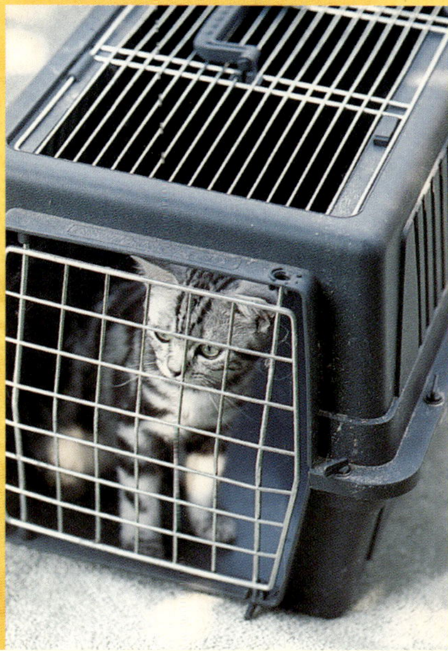

2 

1 *Praktische Transportbox, oben und vorne zu öffnen*
2 *Katzentoilette mit Haube – da bin ich ungestört.*

Tipp

Da Katzen von Natur aus neugierige Wesen sind, klappt die Umstellung oftmals am schnellsten, wenn man sich viel mit dem neuen Mitbewohner beschäftigt, mit ihm spielt, ihn streichelt oder, wenn er das alles nicht will, ihn einfach in Ruhe lässt.

von seinem neuen Lebensbereich Besitz ergreift. Manche erkunden sofort mutig ihr neues Zuhaus, andere sind eher ängstlich und vorsichtig

Die Toilette kennen lernen Nach einer gewissen Zeit heben Sie das Kätzchen hoch und setzen es in seine Katzentoilette. Das wiederholen Sie noch zwei-, dreimal. Ich bin jedes Mal selbst erstaunt darüber, wie schnell ein so junges Tier sich den Platz dafür merken kann und ihn auch für seine „Geschäfte" aufsucht.

Füttern Für das Katzenkind ist es mit dem Essen noch relativ einfach: Geben Sie ihm das, was es gewöhnt war. Es benötigt allerdings mehrere Mahlzeiten am Tag. Außer wenn es sehr warm ist können Sie das Futter ruhig einige Zeit stehen lassen. Da sich Katzen normalerweise nicht überfressen, kommen sie öfter an ihre Futterstelle und nehmen mehrmals am Tag kleine Portionen zu sich. So lernt das Kätzchen auch gleich, dass immer genügend Futter verhanden ist.

Tipp

Entscheiden Sie schon vor dem Einzug über Fress- und Toilettenplatz. Denn Katzen sind Gewohnheitstiere und lassen sich später oft nicht mehr so leicht an andere Plätze gewöhnen.

Appetitlosigkeit oder Durchfall Es kann aber auch vorkommen, dass das Kätzchen die ersten paar Tage, bedingt durch die Umstellung, keinen großen Appetit entwickelt und Sie – in Sorge, dass es verhungern könnte – anfangen, es mit Leckereien zu verwöhnen. Davor kann ich nur warnen! Katzen lassen sich gern verwöhnen, und die Umstellung auf Normalkost ist dann oft sehr schwierig. Also keine Panik, hier hilft schon die Natur.
Manche Kätzchen reagieren auf die neue Umgebung auch mit Durchfall. Wenn der nach zwei bis drei Tagen nicht wieder verschwunden ist, sollten Sie auf jeden Fall zum Tierarzt gehen.

Weichen stellen In diesen ersten Tagen werden meist die Weichen für das künftige Mensch-Katze-Verhältnis gestellt. Mit viel Geduld und Liebe können

Kleine Katzen bekommen mehrmals am Tag ein kleine Portion Futter. Dieses sieht aber nicht gerade nach Momos Lieblingssorte aus.

So wird Momo richtig hochgehoben und getragen.

Sie für Ihre Katze die Eingewöhnungszeit positiv gestalten. Sie wird es Ihnen in der Zukfunt danken.

Hochnehmen und halten

Weit verbreitet ist immer noch die Annahme, dass man ein Kätzchen am Nackenfell hochnehmen kann. Das stimmt nicht, es sollte immer der Körper der Katze unterstützt werden. Das heißt man fasst mit einer Hand unter den Körper hinter die Vorderpfoten, die andere Hand stützt das Hinterteil. So ruht das Körpergewicht der Katze sicher auf dem gebeugten Unterarm, und sie schmiegt sich meist gern in die Armbeuge.

Einen Namen geben

Das kleine Kätzchen soll natürlich auch einen Namen bekommen, der möglichst all das beinhaltet, was für es angenehm ist. Wir sagen ihn immer wieder, während wir die Katze streicheln und füttern, nie aber schimpfenderweise. Lassen Sie bei der Namensgebung Ihrer Fantasie freien Lauf. Vielleicht ist die junge Katzendame eine Lady, das Katerchen eher ein tollpatschiger Teddy?

Tipp

Verhaltensforscher fanden heraus, dass Katzenohren am besten auf zweisilbige Namen hören, wenn in jeder Silbe ein „i" ist. Egal ob Sie Ihr Kätzchen Quetzalcoatl oder Peterle nennen – wichtig ist, dass jeder in der Familie es beim selben Namen ruft.

Verantwortungsvolle

Katzenhaltung
Die Katze in der Wohnung

Auslauf ja oder nein?

Das ist die große Frage, die sich jedem Katzenbesitzer irgendwann stellt. Sie teilt aber auch die Schar der Katzenliebhaber in zwei Lager.

Pro Dafür spricht, dass die Katze es liebt, draußen frei und unabhängig herumzustreifen. Die Katzenklos sind immer sauber, es lässt sich ja in Nachbars frisch angelegtem Blumen- oder Gemüsebeet wunderbar scharren – und erst sein Goldfischteich, eine wahre Augenweide! Ob es Ihr Nachbar allerdings auch so sieht, sei dahingestellt.

Contra Dagegen spricht, dass die Lebenserwartung der freilaufenden Katzen in unserer Zeit nicht allzu hoch sein dürfte. Gefahren lauern überall, im Straßenverkehr, durch Tierfänger, Gift, Abschuss durch Jäger oder „katzenliebende Nachbarn", Diebstahl, Katzenkämpfe, Tierquäler, unbeabsichtigtes Einsperren, Krankheiten und Parasiten, und nicht zuletzt durch katzenjagende Hunde.

Momo spielt mit allem, egal ob Blütenblatt oder Spielmaus.

Gefahren im Haus

Ganz gefahrlos ist das Leben in der Wohnung, im Haus oder Garten für ein Kätzchen aber auch nicht. Katzen sind wie kleine Kinder – neugierig, verspielt, aber auch sehr verschmust. Genau wie Kinder können sie Gefahren meist nicht erkennen. Schauen Sie sich in Ihrer Wohnung, im Haus oder Garten um und beseitigen Sie alle in der Liste auf S. 35 genannten Gefahren.

Spielen ersetzt den Freilauf

Spielen Sie mit Ihrem Tier, bieten Sie ihm Spielzeug an, dann wird Ihr Kätzchen nicht aus Langeweile auf dumme Gedanken kommen. So lässt sich von vornherein mancher Unfall vermeiden, und die Katze fühlt sich in der Wohnung wohl.

Tipp

Prüfen Sie selbst, welche Seite für Sie mehr Gewicht hat. Wenn Sie Ihre Katze fragen könnten, wäre die Antwort wohl klar. Bedenken Sie auch: Wenn die Katze an der Freiheit Geschmack gefunden hat, ist es später sehr schwierig, sie wieder ins Haus zu verbannen.

1

2

Die Lieblingsbeschäftigung aller Katzen:
1 ***Lauern***
2 ***Anschleichen***
3 ***Fangen***
4 ***Spielen***

Es wird immer Streit um die Frage geben, ob es Tierquälerei ist, seine Katze in der Wohnung zu halten. Natürlich fühlt sich das Tier wohler, wenn es im Freien herumtollen kann. Die Gefahren eines solchen Freilaufs wurden ja bereits aufgeführt.

Gewohnheitssache Katzen sind anpassungsfähige Tiere, die auch in den vier Wänden glücklich sein können. Ein Kätzchen, das von klein auf nur die Wohnung gekannt hat, wird auch nichts vermissen. Für die reine Stubenkatze ist die Wohnung das eigene Revier und die „Spielwiese". Regelmäßiges Füttern und eine saubere Katzentoilette gehören zu den Grundbedingungen, die sicherstellen, dass sich Ihre Katze wohl fühlt.

Seien Sie aktiv In der Wohnung sind Sie der Ansprechpartner für das Kätzchen. Bringen Sie es mit spannenden Spielen in Bewegung. Oft genügt schon eine halbe Stunde tägliches Spielen, um ihm die nötige Bewegung zu verschaffen – und für Sie selbst kann es unterhaltsamer und spannender sein als jeder Fernsehkrimi. Katzen, mit denen gespielt wird, bleiben körperlich und geistig fit, sind ausgeglichen und besonders aufmerksam.

Spielen ist lernen Der Spieltrieb ist Katzen angeboren, für spannende Spiele sind sie immer zu haben. Es liegt also an Ihnen, sich immer wieder neue Spielideen für Ihre Katze auszudenken. Einige Beispiele und Anregungen hierfür finden Sie auf den Seiten 32 und 33 – seien Sie kreativ!

Vorsicht

Warnen möchte ich ausdrücklich vor Wollknäueln – einem der bekanntesten Katzenspielzeuge. Sie können sich abwickeln, und die Wollfäden umschlingen das Kätzchen dann möglicherweise so, dass es sich nicht mehr aus dem Gewirr befreien kann.

3

4

Im Spiel üben Katzen für sie überlebenswichtiges Verhalten: anschleichen, lauern, jagen, angreifen, springen und sich verteidigen. Spiele und Spielzeug – möglichst klein und leicht – sollten dem Rechnung tragen.

Kann man Katzen erziehen?

Katzen sind Individualisten, und man kann sie nicht dressieren wie einen Hund. Aber ich glaube, das ist ja gerade der Grund, aus dem wir Katzenliebhaber uns so zu ihnen hingezogen fühlen.

▸ **Geduld und Konsequenz** Trotzdem können Katzen lernen, was erlaubt und was verboten ist. Die wichtigste Voraussetzung für eine erfolgreiche Erziehung ist Geduld – oft stellt sich der Erfolg erst nach Tagen ein. Seien Sie konsequent – was einmal verboten wurde darf nicht am nächsten Tag erlaubt sein und umgekehrt. Wichtig ist auch die Bereitschaft, viel mit Ihrer Katze zu spielen.

▸ **Die Stimme** Das geeignete Erziehungsmittel ist Ihre Stimme. Da Katzen besonders gut auf Stimmen reagieren, sollten Sie diese bei der Erziehung auch einsetzen. Ein deutliches „Nein“, laut und energisch gesprochen, wird Ihr Kätzchen auf Dauer davon abhalten, an der Gardine zu schaukeln oder an Tapeten und Möbeln zu kratzen. Als Alternative bieten Sie ihm einen Kratz- und Kletterbaum an, nehmen das Kätzchen von den Polstern weg, hin zu der Kratzmöglichkeit, und loben es mit sanften, ruhigen Worten und ein paar Streicheleinheiten. So verfahren Sie auch mit anderen Dingen, die das Kätzchen nicht darf.

▸ **Ein kleiner Schreck** Verstärken kann man die Wirkung der Stimme noch mit lautem Händeklatschen oder, in ganz hartnäckigen Fällen, mit einem harmlosen Anspritzen aus einer Blumenspritze. Auf keinen Fall sollte man sein Kätzchen bestrafen oder gar schlagen, weil es sonst scheu werden könnte.

Spielespaß für Katzen

1

Ein mit Katzenminze gefüllter Spielstrumpf gehört mit zu den Lieblingsspielzeugen der meisten Katzen. Für manche ist schon alleine der Duft so betörend, dass sie geradezu ausflippen.

2

Bälle gibt es in unzähligen Variationen: mit eingebautem Glöckchen, mit Sisal umwickelt oder als Flummiball. Aber auch ein einfacher Tischtennisball lässt Katzenherzen höher schlagen.

4

Eine Spielmaus aus Fell wird Ihr Kätzchen lieben. Entfernen Sie zur Sicherheit Kleinteile wie Augen oder Nase aus Stecknadelköpfen, die abgerissen oder verschluckt werden könnten.

5

Ein Karton ist ein einfaches, aber wirkungsvolles Spielzeug. Jede Menge Überraschungen können darin versteckt sein und er eignet sich auch prima als gemütliches Schlafpätzchen.

3

Ein Spielzeug an der Angel – egal ob Plüschmaus oder Federbusch – von Ihnen zum Leben erweckt lässt Ihre Katze die höchsten Sätze vollführen. Wenn das nicht Fitnessvergnügen pur ist!

6

Was ist wohl in der Tüte? Verstecken Sie darin ein Spielzeug oder auch mal ein Leckerchen. Neugierige Katzen werden die Tüte mit Begeisterung untersuchen. Verwenden Sie für dieses Spiel aber nur Papiertüten!

Der Reiz des Spiels

Katzen spielen für ihr Leben gern und das auch noch bis ins hohe Alter. Dann zwar vielleicht nicht mehr so wild, dafür aber sehr ausdauernd.

- **Der Reiz für den Menschen** Vielleicht ist dieses auffallende Spielverhalten der Grund, warum Katzen eine so großen Reiz auf viele Menschen ausüben. Katzen scheinen sehr lange jung zu bleiben – vielleicht gerade deshalb, weil sie so viel und gerne spielen. Also: Spielen Sie mit!

- **Die Bedeutung des Spiels** Schlafen, fressen und viel spielen – so sieht der Tagesablauf eines jungen Kätzchens aus. Durch das Spiel lernt es, was es im späteren Leben braucht. Deshalb steht bei fast allen Spielen, egal wie erfinderisch sie auch immer sein mögen, das Belauern, Anschleichen und Fangen der Beute als zentrales Motiv im Mittelpunkt.

Sicherheit an Balkon und Fenster

Katzen können stundenlang am Fenster sitzen und die Welt draußen beobachten. Um ihnen das Vergnügen auch bei geöffnetem Fenster zu bieten, sollten Sie ein Draht- oder Fliegengitter vor dem Fenster anbringen oder einen vergitterten Fenstereinsatz bauen. Außerdem tut frische Luft der Katze gut. Sorgen Sie dafür, dass der Lieblingsplatz auf dem Fensterbrett für Ihren Vierbeiner reserviert bleibt.

Vorsicht, tödliche Falle! Zur tödlichen Falle wurde schon so manches Kippfenster. Die Katze klettert zum Spalt hoch, rutscht mit den Hinterbeinen am

Tipp

Wenn immer es möglich ist, sollte man den Balkon mit einem Netz absichern. Es gibt einige Firmen, die sich auf Balkon- und Terrassensicherungen spezialisiert haben. Mit Sicherheitsnetzen, Dübeln, Schrauben, Seil und Spanner gelingt es relativ einfach, eine Balkonsicherung anzubringen.

Check Sicherheit
Gefahren für die Katze

- Giftige Pflanzen – hierzu gehören auch sehr viele bekannte und beliebte Garten- und Zierpflanzen.
- Offene Mülleimer.
- Heiße Herdplatten.
- Offene Türen von Backofen, Geschirrspüler, Waschmaschine, Trockner, Kühl- und Gefrierschrank.
- Herunterhängende Deckchen und Tischdecken.
- Elektrokabel.
- Offene Kamine.
- Plastiktüten.
- Kleinteile wie Nadeln, Perlen, Schrauben, Nägel, Reisnägel usw., die verschluckt werden können.
- Haushaltsreiniger, Desinfektionsmittel und sonstige Chemikalien.
- Gekippte, ungesicherte Fenster.

glatten Rahmen ab und fällt mit dem Bauch oder dem Hals in den Fensterwinkel. Schieben Sie dem einen Riegel vor, indem Sie eine seitliche Kippfenster-Schutzvorrichtung anbringen, die im Zoofachhandel erhältlich ist. Einfacher geht es aber mit Haken und Öse, mit denen Sie das Kippfenster nur so weit geöffnet lassen, dass keine Katze dazwischenpasst.

Balkon mit Katzensicherung Falls Sie über einen Balkon verfügen, möchten Sie Ihrer Katze bestimmt auch das Vergnügen daran gönnen. Irgendwann geht sie dann allerdings auch auf der Balkonbrüstung spazieren, und ihr Jagdtrieb veranlasst sie, einem Vogel oder Schmetterling hinterherzuspringen – ins Leere! Denken Sie nicht, Ihre Katze würde so etwas nicht tun. Je nach Fallhöhe und Landeplatz können die Verletzungen schwer bis tödlich sein.

Der Garten

Sie sind der glückliche Besitzer eines Gartens und möchten diese Freude auch mit Ihrer Katze teilen? Ihnen sind die Gefahren eines Freilaufs bewusst, und Sie wollen ein gutes Verhältnis zur Nachbarschaft? Dann sollten Sie Ihren Garten katzensicher gestalten.

1 *Momo entdeckt die Enten im Teich.*
2 *Ob die echt sind?*
3 *Der Test sagt: Nein!*

Schon junge Kätzchen brauchen Wasser zum Trinken, selbst wenn sie noch von der Mutter gesäugt werden. Auch wenn Sie Ihre Katze nicht oft trinken sehen, sollte immer eine große Schale Wasser bereit stehen.

So geht's: Am einfachsten geht dies mit leichten Pfählen und einem Zaun aus Netz, z.B. einem Moskito- oder Vogelnetz, es gibt auber auch spezielle Katzennetze im Fachhandel.
Die Höhe des Netzes sollte etwa 2 m betragen, die Stäbe werden in einem Abstand von 1,5 m eingegraben. Am Boden empfiehlt sich die Anbringung von 50 cm hohem Hasendraht, der ungefähr 10 cm tief eingegraben werden sollte, denn manche Katzen entwickeln plötzlich die Fähigkeiten eines Maulwurfs.
Da das Netz nicht sehr stabil ist, d. h. der Katze beim Klettern wenig Halt bietet, wird der Katze diese Kletterei, die keine Aussicht auf Erfolg hat, schnell langweilig, und sie lässt das Spielchen.

Der Futterplatz

Empfehlenswert sind zwei Futternäpfe für Nass- und Trockenfutter, die standfest und funktionsgerecht flach sein und sich gut reinigen lassen sollen. Als Wassernapf nehmen Sie am besten eine große standfeste Schüssel.
Der Futterplatz wird durch eine abwaschbare, nicht zu kleine Unterlage geschützt, denn die meisten Katzen neigen dazu, sich einen Brocken aus ihrem Napf zu angeln und ihn irgendwo zu verzehren – zum Glück meist in unmittelbarer Nähe des Napfes.

Die Katzentoilette

Von Natur aus sind Katzen äußerst reinlich, deshalb sind Katzentoilette, Katzenstreu und eine Schaufel ein ab-

Momo schätzt diesen stillen Bereich im Badezimmer, wo sie ihr Katzenklo in Ruhe aufsuchen kann.

solutes Muss. Katzentoiletten gibt es heute in allen möglichen Ausführungen, mit Rand, mit Deckel, mit Klappe und vielem mehr.

Tipp

Klumpen bildende Streu hat den Vorteil, dass das Entfernen der gebrauchten Streu einfach und ohne viel Zeitaufwand täglich möglich ist. Bei regelmäßigem Gebrauch sollte die Katzentoilette mindestens einmal in der Woche komplett geleert und ausgewaschen werden.

Katzenstreu Geben Sie mindestens 5 cm hoch Streu in die Katzentoilette, damit die Katze ihr Geschäft möglichst spurlos verscharren kann. Der Fachhandel bietet verschiedenste Produkte an, sie müssen nur dasjenige finden, das Ihre Katze akzeptiert. Bleiben Sie dann dabei, denn ständiges Wechseln behagt der Katze ebenfalls nicht. Im Gegenteil: Dies ist der häufigste Grund für eine plötzliche Unsauberkeit.

Standort Katzen lassen sich bei ihren „Geschäften" nur ungern zuschauen. Deshalb sollte die Toilette entweder ein Dach haben oder in einer ruhigen Ecke aufgestellt werden. Geeignet sind das Badezimmer oder die Toilette. Wichtig ist, dass der Platz für die Katze jederzeit und leicht zugänglich ist.

1

2

3

Beliebte Katzenschlafplätze:
1. *Eine Hängematte.*
2. *Die Kuschelhöhle am Kratzbaum.*
3. *Oder einfach nur ein Karton.*

Der Schlafplatz

In vielen Katzenbüchern steht, dass Sie dem Kätzchen ein Körbchen mit Polster in einer Ecke als Schlafplatz anbieten sollen. Keine meiner Katzen hat je solch einen Schlafplatz angenommen. Sie haben sich ihre Schlafstellen immer selbst ausgesucht.

- **Erhöhte Liegestellen** Meine Katzen schlafen eigentlich nie auf dem Boden, sie mögen meist etwas erhöhte Liege- und Schlafplätze. Eine Hängematte (z.B. im Kratzbaum integriert) hat hier den Vorteil, dass vor allem kleine Katzen nicht herausfallen können.

- **Warm und zugfrei** Katzen haben ein Gespür für warme und zugfreie Plätze. Wenn möglich, bieten Sie Ihrer Katze an solch einer Stelle das Katzenbett an. Ob sie sich darin niederlegt, ist eine andere Sache.

- **Die Katze im Bett** Die meisten Katzen ziehen wahrscheinlich Ihr Bett als Nachtlager vor. Solange es Ihnen nichts ausmacht, sehe ich darin kein Problem. Sollten Sie diese Gesellschaft im Bett ablehnen, bleibt Ihnen nur eine Möglichkeit: Machen Sie die Tür zu! Und zwar konsequent vom allerersten Tag an. Nach einer oder zwei Wochen hat das Kätzchen dann meist die Hausordnung akzeptiert.

Tipp

Für ein kleines Kätzchen reicht am Anfang ein Karton, in den Sie ein Polster oder Kissen hineinlegen. Der Vorteil eines Kartons ist, dass man ihn bei Beschmutzung leicht austauschen kann und er mit dem Kätzchen mitwächst.

Kratzmöglichkeiten

Damit Ihre Wohnungseinrichtung geschont wird, sollten Sie Ihr Kätzchen möglichst früh an den Gebrauch eines Kratzbretts oder Kratzbaumes gewöhnen. Der Kratz- und Kletterbaum hat den Vorteil, dass Ihre Katze daran Nagelpflege betreiben kann, außerdem bietet er noch Möglichkeiten zum Muskeltraining sowie Ruhe- und Schlafplätze.

Standfest Das Wichtigste bei einem Kratzbaum ist seine Standfestigkeit. Sollte er einmal umkippen, wird ihn die Katze nie wieder benutzen! Außerdem sollten Sie das Kratzmöbel nicht in die hinterste Ecke verbannen. Eine Katze geht nicht gerne zum Kratzen in die Abstellkammer – dann benutzt sie doch lieber die Möbel im Wohnzimmer. Rollen mit Bremsen ermöglichen auch einen einfachen Standortwechsel.

Ein Kratzstamm aus Sisal ist einem mit Teppichboden bespannten Stamm vorzuziehen. Die Katze kann an dem robusten Material mit aller Kraft Krallenpflege betreiben.

Die richtige

Ernährung
Gesundes und Leckeres für Katzen

Katzen würden Mäuse fressen

Katzen sind von Natur aus Beutetierfresser und keine reinen Fleischfresser, wie fälschlicherweise oft behauptet wird. Das heißt, eine Katze, die ganz auf sich allein gestellt ist, würde sich von frisch geschlagener Beute wie kleinen Säugetieren (z.B. Mäusen) ernähren. Damit verzehrt sie Muskelfleisch, ganz oder teilweise die Knochen, innere Organe und den Darm mit dem darin befindlichen Speisebrei.

Gesunder Ersatz Da wohl keiner von uns in der Lage ist, der Katze jeden Tag frische Beute zu servieren, muss man sich nach einer Ersatznahrung für die Katze umschauen, die in ihrer Zusammensetzung dieser natürlichen Nahrung entspricht.

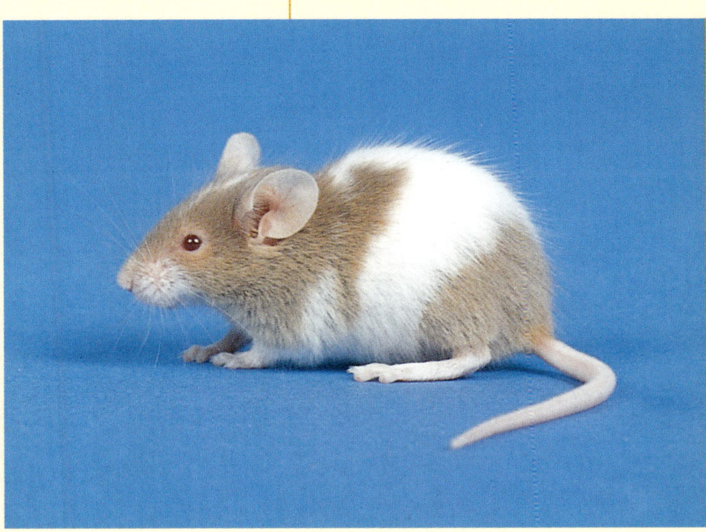

Inhaltsstoffe Die richtige Ernährung ist die Voraussetzung für Gesundheit und Wohlbefinden der Katze. Das bedeutet, dass sie artgerecht und ihren Bedürfnissen entsprechend mit Energie und Nährstoffen versorgt werden muss. Dabei sind Eiweiße (Proteine) ein wichtiger Futterbestandteil, Kohlenhydrate (Zucker und Stärke) reine Energielieferanten. Fett spielt eine wichtige und vielfältige Rolle, die Mineralstoffe (Kalzium, Phosphor, Natrium) sind Bausteine des Skeletts und der Zähne, und die Vitamine sind lebensnotwendige Wirkstoffe.

Empfehlung Daraus ergibt sich für die Katze eine Fütterungsempfehlung von täglich etwa 3/4 Eiweißträgern (Fleisch, Innereien, Milchprodukte, Fisch oder Eier) und 1/4 leicht verdauliche Kohlenhydrate und Mineral- und Ballaststoffen.

Die einfachste Lösung Das hört sich alles ziemlich kompliziert an, und deshalb ist es auch nicht verwunderlich, dass die meisten Katzenbesitzer für ihre Katze nicht mehr selbst kochen, sondern auf das vielfältige Angebot der industriell gefertigten Katzennahrung zurückgreifen. Bei der Fertignahrung für Katzen unterscheidet man zwei Grundtypen.

Momo schmeckt's.

Dosenfutter

Es ist eine Vollnahrung, die in erster Linie aus einer Mischung von Fleisch wie Muskelfleisch, Herz, Leber und Lunge besteht. Dazu kommt ein kleinerer Anteil Getreide wie Reis, Mais, Gerste und Weizen. Ferner enthält es Gemüse, Vitamine und Mineralien. Darin sind alle Nähr- und Aufbaustoffe enthalten, die Katzen brauchen, um ausschließlich damit ernährt zu werden.

Trockenfutter

Es gleicht im Wesentlichen der Zusammensetzung des Dosenfutters und ist ebenfalls Vollnahrung. Die Dosennahrung enthält etwa 75 % natürliche Feuchtigkeit, mit der die Katze einen großen Teil ihres Flüssig-

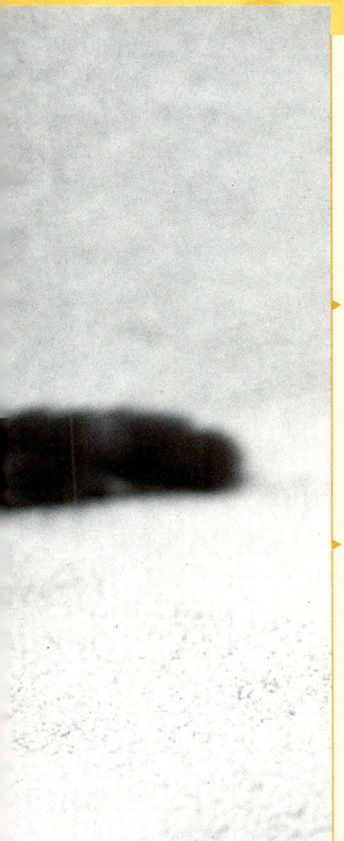

keitsbedarfs deckt. Dem Trockenfutter ist dagegen das Wasser bis auf etwa 10 bis 15 % entzogen worden, es ist deshalb wesentlich konzentrierter und dadurch energiehaltiger.

Wichtig: Viel trinken Um diesen Feuchtigkeitsentzug auszugleichen, muss die Katze regelmäßig möglichst viel Wasser trinken. Sollte Ihre Katze nicht genügend trinken, bieten Sie ihr, wenn überhaupt, Trockenfutter nur zusätzlich als kleinen Leckerbissen an.

Vorteile Trinkt die Katze genügend Wasser, so hat das Trockenfutter zwei große Vorteile gegenüber dem Nassfutter. Erstens: Es hilft durch seine Härte, den Kauapparat zu kräftigen, weil es die Katze zwingt, richtig zu kauen. Zweitens: Vor allem in den Sommermonaten ist Trockenfutter hygienischer. Es kann über den Tag stehen bleiben, ohne zu riechen, zu verderben oder dicke Fliegen anzulocken.

Der Fachhandel bietet jede Menge Leckerchen für Katzen an. Mit verschiedensten Zusätzen, Mineralstoffen und Vitaminen werden sie als Nahrungsergänzung in Form von Katzentabs angeboten.

Fleisch als Zusatz Fleisch kann ab und zu auch neben Fertigfutter verabreicht werden. Für die Katze ist es wichtig, Gebiss und Kauapparat beim Verzehr größerer Fleischbrocken zu benutzen. Wegen der Aujeszkyschen Krankheit, die durch rohes Schweinefleisch übertragen wird und für Katzen absolut tödlich ist, sollte Fleisch, auch Rind- und Kalbfleisch und deren Innereien, immer gekocht werden. Süßwasserfische, Geflügel- und Truthahnfleisch sind, ebenso wie rohes Hühnerei, häufig von Salmonellen befallen. Deshalb: Niemals rohes Fleisch, Fisch oder rohes Ei füttern!

Zusätze Gibt man Vollnahrung, kann man auf jede Zusatzfütterung verzichten. Da meine Katzen es mögen, streue ich über das Futter Vitamin-Hefeflocken oder Gemüseflocken.

Achtung

Alle Katzen fressen gern Leber, aber hier ist Vorsicht geboten. Sie ist reich an Vitamin A und D und hochwertigem Eiweiß. Zu viel Vitamin A ist jedoch gefährlich für die Katze, es kann zu Knochenauswüchsen und Lähmungen führen.

Tipp
Egal was Sie geben, wichtig ist, dass junge Kätzchen öfters mit kleinen Portionen gefüttert werden, weil sie einen kleinen Magen haben (siehe Tabelle S. 46).

Ernährung der jungen Katze

Wer eine gesunde Katze großziehen will, muss beachten, dass ein junges Kätzchen einen höheren Nährstoffbedarf hat als eine erwachsene Katze. Deshalb braucht es eine spezielle Ernährung.

Ernährung beeinflusst Wachstum
Eine hochwertige Nahrung auf der Basis tierischen Eiweißes liefert die Proteine, Vitamine und Aufbaustoffe. Für die Wachstumsförderung und Knochenbildung ist Kalzium ein äußerst wichtiger Faktor. Bei reiner Fleischfütterung fehlt dieses Kalzium, und die Kalziumreserve der Knochen wird abgebaut, was zu Knochenschwäche und Brüchen der Gliedmaßen- und Wirbelknochen führen kann.
Die richtige und ausgewogene Nahrung für junge Katzen zusammenzustellen ist deshalb keine leichte Aufgabe. Am einfachsten ist es, die speziell für junge Katzen hergestellte Fertignahrung zu verfüttern.

Was füttern?

Am besten Vollnahrung als Dosenfutter oder Trockenfutter. Katzen können zeitlebens problemlos mit dem gleichen Futter gefüttert werden. Es wird von den verschiedensten Herstellern Fertignahrung in den unterschiedlichsten Qualitäts- und Preisklassen angeboten.

Selbst kochen Die Alternative zum Fertigfutter wäre Selbstgekochtes. Doch gehen beim Kochen wichtige Vitamine verloren, ganz zu schweigen vom Arbeitsaufwand. Wenn Sie sich trotzdem die Mühe machen wollen,

Am besten schmeckt es zusammen mit den Geschwistern.

Momo findet überall etwas zum Spielen. Sie hat eine Wäscheklammer entdeckt und versucht, sie mit den Zähnen los zu bekommen. Aber ganz so einfach ist das nicht …

informieren Sie sich ausführlich in entsprechender Spezialliteratur.

Katzen sind Feinschmecker Alle Vorschläge zur richtigen Katzenernährung sind gut, wenn die Katze das Angebotene auch frisst. Es gibt aber eine Menge Feinschmecker unter ihnen. Sollte die Katze nicht fressen, bietet man ihr etwas anderes an, eine andere Geschmacksrichtung oder eine andere Marke. Bald wird man feststellen, ob die Katze nur Abwechslung brauchte oder eine echte Appetitlosigkeit vorliegt.

Wann füttern?

Erwachsene Katzen Die erwachsene Katze wird zweimal am Tag gefüttert, am besten morgens und abends. Erwachsen ist eine Katze dann, wenn ihr Skelett aufhört zu wachsen. Meist merkt man es daran, dass der Appetit etwas nachlässt. Die Katze ist dann etwa neun bis zehn Monate alt und kann zum erstenmal rollig werden.

Katzenkinder Katzenbabys bis zu drei Monaten erhalten alle drei Stunden ihr Futter, bei jungen Kätzchen bis zum Alter von sechs Monaten wird die tägliche Ration auf drei Mahlzeiten verteilt. Die Fütterung sollte täglich zur gleichen Zeit erfolgen. Katzen lernen sehr schnell, sich auf diesen Zeitpunkt einzustellen und dann ihr Futter zu verlangen.

Vorsicht

Einen Tierarzt sollte man aufsuchen, wenn die Appetitlosigkeit mit Erbrechen oder Durchfall in Verbindung mit Gewichtsverlust einhergeht. Vor allem bei jungen Katzen kann das Lebensbedrohend sein. Der Appetit ist ein guter Gradmesser für den Gesundheitszustand der Katze.

Alter des Kätzchens	Körpergewicht in kg	Mahlzeiten pro Tag	Täglicher Bedarf an Dosenvollnahrung
2–4 Monate	0,8–1,6	4–5	190–300 g
4–5 Monate	1,6–2,0	3–4	280–300 g
5–6 Monate	2,0–2,5	2–3	230–280 g
6–8 Monate	2,5–3,5	2	230–330 g
ab 8 Monate	4,0–4,5	2	300–330 g

Wie füttern?

Nicht zu kalt Das Futter sollte lauwarm sein, d.h. Zimmertemperatur haben. Es sollte, egal um welches Futter es sich handelt, niemals direkt aus dem Kühlschrank genommen werden. Zu kaltes Futter bekommt dem Magen der Katze nicht und wird auch meist abgelehnt, denn kaltes Futter riecht einfach nicht nach Futter.

Menge anpassen Frisst die Katze nicht alles auf, kürzt man die nächste Futterration um diesen Rest; außer dem Anstandshappen, den Katzen gerne zurücklassen. Einen groben Richtwert für die Futtermenge liefert die nebenstehende Tabelle.

Langsam und genussvoll Katzen nehmen sich, im Gegensatz zu Hunden, zum Fressen viel Zeit. Die Nahrung wird nicht in dicken Brocken gierig geschluckt, sondern langsam und genüsslich gekaut. Auch verlassen Katzen oft den Futterplatz, um ihn nach kurzer oder längerer Zeit wieder aufzusuchen.

Unbedingt frisch Die Nahrung muss natürlich immer frisch sein. Im Winter ist das kein so großes Problem, da ich das Futter einfach etwa zwei Stunden stehen lasse. Im Sommer vermehren sich in dieser Zeit nur allzu schnell Bakterien, und Fliegen können ihre Eier ablegen, sodass ich dann nach spätestens einer Stunde alle Reste entferne. Normalerweise verweigern Katzen ohnehin von sich aus für sie ungeeignetes oder leicht verdorbenes Futter. Tagsüber biete ich meinen Katzen dann Trockenfutter an.

Tipp

„Nach dem Essen sollst du ruhen!“ Dieses altbekannte und bewährte Sprichwort gilt ganz besonders für unsere Katzen. Sie möchten ganz einfach ihre Ruhe haben, deshalb sollte man nach der Mahlzeit nicht mit ihnen spielen oder toben.

Was trinkt die Katze?

Eine Katze kann es ohne Nahrung erstaunlich lange aushalten, ohne Wasser aber nur wenige Tage. Es sollte daher immer Wasser für sie bereitstehen. In fast allen Publikationen über Katzen steht, dass Katzen immer Zugang zu frischem, sauberem Trinkwasser haben müssen. Beobachtet man aber seine Katze, so stellt man fest, dass sie, sofern sie frei laufen darf, gern aus Teichen und Pfützen trinkt. Meine Katzen in der Wohnung trinken gern das Wasser aus dem Zimmerbrunnen oder das Regenwasser aus einem Topf auf dem Balkon, frisches Wasser fast nie.

Milch und Milchprodukte

Milch ist kein Getränk für die Katze und auch als Nahrungsmittel nur bedingt zu empfehlen. Viele Katzen bekommen, da der Milchzucker im Darm zu Gärungen führt, von Milch und Sahne Durchfall. Manchmal bekommen meine Katzen etwas Dosenmilch, mit Wasser verdünnt, oder Sahne, aber nur diejenigen, die nicht mit Durchfall darauf reagieren. Mit Milch sollten Sie aber immer vorsichtig sein.

Katzenkinderbrei

Viele junge Katzen mögen den folgenden Brei: ca. 75 ml warme Katzenmilch mit 1 EL 7-Korn-Flocken gut verquirlen, abkühlen lassen, dann 1 EL Quark darunter mischen.

▸ **Joghurt & Co.** Um der Katze dennoch das wertvolle Eiweiß und Kalzium zukommen zu lassen, ist es besser, vergorene Milchprodukte wie Joghurt, Quark, Dickmilch oder Hüttenkäse zu verfüttern. Meine Katzen lieben Quark über alles. Probieren Sie es doch einfach mal aus.
Seit einigen Jahren gibt es im Zoofachhandel außerdem spezielle Katzenmilch, die durch die Reduzierung des Milchzuckergehaltes sehr gut verträglich ist und von Katzen gerne getrunken wird.

Momo ist, wie viele Katzen, fasziniert von bewegtem Wasser. Viele trinken sogar am liebsten aus dem Zimmerspringbrunnen.

Zyperngras ist eine gute Verdauungshilfe.

Katzen und Gras

Jeder Katzenhalter hat schon mal beobachtet, dass seine Katze an den Zimmerpflanzen oder im Garten an Grasbüscheln herumknabbert. Anschließend kann man die Folgen vom Boden wegwischen.

Haarballen loswerden Normalerweise braucht die Katze zur Verdauung keine zusätzliche Unterstützung, aber aus den losen Haaren, die sie bei der Fellpflege zwangsläufig aufnimmt und verschluckt, können sich in ihrem Magen Haarballen bilden und zu Verdauungsstörungen führen. Das Gras reizt nach der Aufnahme die sehr empfindliche Magenschleimhaut und löst damit Erbrechen aus. Ohne Erbrechen kann es im schlimmsten Fall sogar zu Magen- und Darmverschlüssen kommen, denn Haare sind unverdaulich. Katzen benutzen Gras deshalb instinktiv als Verdauungshilfe.

Grünes für die Katze Frei laufende Katzen benötigen kein Katzengras, aber den reinen Wohnungskatzen muss man das „Grasknabbern" in irgendeiner Form ermöglichen. Katzengras gibt es als Fertigpackung im Fachhandel, der außerdem auch eine Verdauungshilfe in Forma einer Paste anbietet. Ob diese aber so effektiv wie Gras ist, sei dahingestellt. Für meine Katzen kaufe ich im Blumengeschäft

Check Futter
Die richtige Katzenernährung

- Die junge Katze drei- bis viermal täglich füttern.
- Die erwachsene Katze wird zweimal täglich gefüttert.
- Der Futterplatz soll sich an einer ruhigen Stelle in der Wohnung befinden.
- Die Katze benötigt ihre eigenen Futter- und Wasserschüsseln, die nach jeder Mahlzeit gereinigt werden.
- Speisereste haben im Futternapf nichts verloren. Katzen brauchen eigens für sie zusammengestelltes, artgerechtes und bekömmliches Futter.
- Die Fütterung sollte täglich etwa zur gleichen Zeit erfolgen.
- Das Futter sollte lauwarm sein.
- Futterreste werden weggeworfen.
- Katzen schlingen nicht, sie lassen sich beim Fressen Zeit.
- Stören Sie Ihr Kätzchen nicht beim Fressen, das mag es nicht.
- Nach dem Fressen lassen Katzen gerne eine längere Ruhepause zum Verdauen folgen.
- Das richtige Getränk für die durstige Katze ist Wasser.

immer Zyperngras im Topf. Es wird von ihnen begeistert angenommen, und außerdem sieht es, zumindest für kurze Zeit, sehr dekorativ aus.

Vorsicht, giftige Pflanzen

Hat Ihre Katze keine Möglichkeit, an „Katzengras“ zu knabbern, kann es passieren, dass sie sich an andere Pflanzen heranmacht. Nicht immer sind sie für die Katze ungefährlich, ganz im Gegenteil. Viele sind für Katzen giftig, die Häufigsten finden Sie in der Übersicht rechts.

Nicht jede Katze hat den Luxus, draußen an frisches Gras zu kommen.

Giftige Gartenpflanzen

Ackerveilchen	Hartriegel	Primel
Arnika	Herbstzeitlose	Rainfarn
Aronstab	Herkuleskraut	Rhabarber
Aprikose (Kerne)	Hyazinthe	Rhizinuspflanzen
Buchsbaum	Jasmin	Rittersporn
Buschwindröschen	Kaiserkrone	Schlafmohn
Christrose	Kornrade	Schneeball
Efeu	Krokus	Seidelbast
Eibe	Küchenschelle	Sumpfdotterblume
Eisenhut	Leberblümchen	Schwertlilie
Edelweiß	Lebensbaum (Thuja)	Tabakpflanze
Farne	Liguster	Tollkirsche
Feldstiefmütterchen	Märzenbecher	Tomatenpflanze
Feuerdorn	Maiglöckchen	Tulpe
Fingerhut	Mauerpfeffer	Wacholder
Geißblatt	Mistel	Waldmeister
Geranie	Narzisse	Wicke
Ginster	Nelke	Wildlupine
Glyzinie	Oleander	Wolfsmilch
Goldregen	Pfaffenhütchen	Wurmfarn
Hahnenfuß		Zwergmistel

Giftige Zimmerpflanzen

Alpenveilchen	Dieffenbachie	Weihnachtskaktus
Amaryllis	Korallenbeere	Weihnachtsstern
Anthurie	Orchidee	Wüstenrose
Azalee	Philodendron	Zimmeraralie
Calla	Stechpalme	
Christusdorn	Usambaraveilchen	
Clivie		

Pflege und

Vorbeugung
So bleibt das Kätzchen gesund

Die Zunge ist der „Waschlappen“ für die Katze.

Pflege der jungen Katze

Kleine Katzen beginnen bereits im Alter von zwei bis drei Wochen, sich mit den Hinterpfoten am Kopf zu kratzen und ihr Fell zu putzen. Wenn die Mutter sie sauberleckt, beginnen sie zu schnurren, weil sie die Streicheleinheiten genießen, die später die Hände des Menschen übernehmen. Deshalb sollte man sie auch frühzeitig an Kamm, Bürste oder andere Pflegeutensilien gewöhnen, und sie werden sich gerne bei der Körperpflege unterstützen lassen. Dabei darf aber niemals Gewalt angewendet werden.

Fellpflege der Kurzhaarkatze

Die tägliche Pflege einer Kurzhaarkatze ist wenig aufwendig, man kann sie ganz gut mit den Streicheleinheiten verbinden. Kräftige Massage mit der Hand nimmt das tote Haar weg und fördert die Durchblutung der Haut, was für schönes und gesundes Haar sehr wichtig ist. Eine Bürste, evtl. mit Gumminoppen, kann man zur Unterstützung einsetzen, denn vor allem beim Haarwechsel sollte man regelmäßig bürsten. Anschließend kann man mit einem feinen Kamm noch einmal das Fell durchkämmen.

Glänzendes Fell Nach dem Bürsten und Kämmen glättet man mit einem Fensterleder oder feuchten Tuch das Fell, die restlichen Haare bleiben hängen, das Fell liegt eng und fest am Körper an und bekommt einen herrlichen Glanz. Gekämmt, gebürstet und geglättet wird natürlich immer in Strichrichtung des Haares.

Fellpflege der Langhaarkatze

Halblanges Fell Die Halblanghaarkatzen sind noch relativ pflegeleicht, regelmäßiges Durchkämmen sollte trotzdem zur täglichen Pflichtübung gehören. Mit einem Kamm, der längere und kürzere Zähne haben sollte, kämmt man, vom Haaransatz zur Spitze, Oberfell und Unterfell gleichmäßig durch.

Langes Fell Das lange, weiche und sehr dichte Fell der Perserkatze muss dagegen unbedingt täglich gepflegt werden. Versäumt man dies einige Tage, so kann das Fell hoffnungslos verfilzen, und man muss zur Schere greifen.

Info

Die sprichwörtliche „Katzenwäsche“ ist eine reine Unterstellung, denn gesunde Katzen sind richtige Putzteufel und widmen sehr viel Zeit der ausgiebigen Körperpflege.

1

1 *Pflegeuntensilien für die Langhaarkatze.*
2 *Ein Langhaarkätzchen sollte täglich gekämmt werden.*
3 *Bei einer Kurzhaarkatze sorgt eine Gummibürste für glänzendes Fell.*

Kämmen Zum Kämmen sollte man je einen speziellen Stahlkamm mit weiten und einen mit engeren Zinken benutzen. Der Fachhandel bietet hier verschiedene Modelle an. Beachten Sie bitte, dass die Spitzen der Zinken abgerundet sind. Wichtig ist, dass man die Haare lagenweise von unten nach oben durchkämmt. Es hat keinen Sinn, nur von oben zu kämmen, man kommt sonst niemals auf den Grund, da die Haare zu dicht sind.

Tipp

Besonders bei Langhaarkatzen ist es unbedingt erforderlich, dass sie vom ersten Tag an den Umgang mit Pflegeutensilien gewöhnt werden. Verbinden Sie das tägliche Kämmen und Bürsten mit vielen Streicheleinheiten, und lenken Sie das Kätzchen ab, indem Sie es zwischendurch mit Kamm und Bürste spielen lassen.

Bürsten Mit einer speziellen Glanzbürste kann man nach dem Kämmen das Fell auflockern. Dagegen eignen sich normale Bürsten nicht für Langhaarkatzen, da sie das Fell nur oberflächlich glätten, statt es zu entwirren.

Systematisch vorgehen Nicht vergessen darf man beim Kämmen Brust, Bauch und die Innenseite der Schenkel, wozu man die Katze an den Vorderbeinen hochhebt.
Die Stellen hinter den Ohren, in den Achselhöhlen, der Leistenbeuge und an der Schwanzwurzel sollte man mindestens einmal in der Woche mit Spezialpuder aus dem Fachgeschäft behandeln, da hier mit besonderer Knötchenbildung zu rechnen ist. Sollten sich trotzdem Knoten und Verfilzungen bilden, muss man sie mit viel Geduld und Sorgfalt auseinander zupfen und auskämmen. Manchmal ist es aber sinnvoller und weniger schmerzhaft, die Knoten auf- oder abzuschneiden.

2

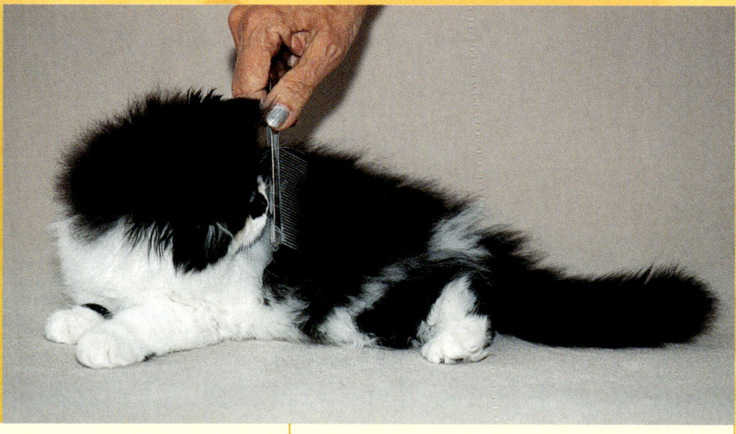

3

▸ **Stärkere Verschmutzungen** Bedingt durch die langen Haare kann es manchmal vorkommen, dass beim Kotabsetzen an den Hinterbeinen im Fell etwas kleben bzw. hängen bleibt. Lassen Sie diese Verschmutzungen erst antrocknen, danach können sie mit Puder und Kamm leichter entfernt werden. Bei stärkerer Verschmutzung müssen Sie die Partie mit einem milden Shampoo und lauwarmem Wasser, am besten im Waschbecken, vorsichtig auswaschen. Danach gut abtrocknen.

Tipp

Ab und zu können Sie Ihre Perserkatze mit einem Spezialpuder auch am ganzen Körper behandeln. Sie streuen ihn gegen den Strich in das aufgelockerte Fell, lassen ihn am besten über Nacht einwirken und kämmen ihn am nächsten Tag sorgfältig aus. Sie werden sehen, Sie haben danach nicht nur eine „duftige" Katze, sondern auch viel weniger Arbeit bei der täglichen Fellpflege.

Probleme mit dem Schwanz

Schwierigkeiten haben manche Katzen, besonders unkastrierte Kater, mit einem so genannten Fettschwanz. Er entsteht durch eine Überproduktion von Fett im oberen Drittel des Schwanzes. Am einfachsten und wirkungsvollsten wird er bekämpft, indem man Mais- oder Kartoffelmehl regelmäßig ins Fell massiert, einige Zeit einwirken lässt und dann sorgfältig ausbürstet. Sollte dies nicht den gewünschten Erfolg zeigen, hilft oft das Waschen mit einem Fett lösenden Spülmittel.

Tipp
Lassen Sie sich das Krallenschneiden vom Tierarzt oder einer katzenerfahrenen Person zeigen.

Tipp
Egal ob Sie ein Bad aus medizinischen oder Schönheitsgründen durchführen, es ist ratsam, dabei einen Helfer zu haben, der die Katze festhält und sie beruhigen kann, während Sie sie waschen.

Augen und Ohren

Augenpflege Sie ist bei Katzen nur gelegentlich erforderlich und lässt sich ohne größeren Aufwand mit einem Wattebausch oder Papiertaschentuch erledigen. Bei manchen Perserkatzen ist allerdings die Tränenabsonderung so stark, dass man die Augen täglich reinigen muss. Ist das Sekret im Fell angetrocknet, verwendet man am besten ein mit warmem Wasser oder milder Augenpflegetinktur angefeuchtetes Wattestäbchen.

Ohrenpflege Die Pflege des Ohrs ist für die Katze selbst nicht möglich. Nach Bedarf, wenn man eine Verschmutzung durch Ohrschmalz festgestellt hat, wird nur das äußere Ohr – so weit man hineinsehen kann – vorsichtig mit einem Wattestäbchen gesäubert. Niemals im Ohr herumstochern!
Sollten Sie stärkere Verschmutzungen feststellen, etwa schwarzbraune Krusten, könnte es sich um Ohrmilben handeln, und der Tierarzt muss zu Rate gezogen werden.

Zahnpflege

Zahnfleischentzündungen und Zahnsteinbefall nehmen aufgrund der vermehrten Wohnungshaltung und der damit verbundenen Verabreichung von weichem Dosenfutter immer mehr zu. Kontrollieren Sie von Zeit zu Zeit das Gebiss und das Zahnfleisch Ihrer Katze. Bei Zahnsteinbefall konsultieren Sie den Tierarzt, der für die Entfernung zuständig ist.

Krallenpflege

Beim Springen, Klettern und Toben werden die Krallen auf natürliche Weise abgenutzt, deshalb ist eine Pflege der Krallen nicht unbedingt notwendig. Zum Schärfen der Krallen ist ein Kratzbrett oder Kratzbaum hervorragend geeignet.

Krallen kürzen Sie können aber auch, wenn Sie merken, dass Ihre Katze beim

1

2

Gesundheitscheck bei Momo:
1 *Sind die Augen klar?*
2 *Sind die Ohren sauber?*
3 *Sind Zähne und Zahnfleisch gesund?*
4 *Ist das Fell gepflegt und ohne Parasiten?*

Laufen im Teppichboden oder Teppich hängen bleibt, die Krallen der Vorderpfoten kürzen. Mit einer Spezialzange wird dabei vorsichtig der vordere, nicht durchblutete Teil der Kralle abgeknipst. Eine Amputation der Krallen hat mit tiergerechter Katzenpflege nichts zu tun und ist absolute Tierquälerei! Außerdem verbietet es das Tierschutzgesetz.

Baden – muss das sein?

Einem Bad stehen die meisten Katzen sehr ablehnend gegenüber. Bei bestimmten Hauterkrankungen gibt es leider keine Alternative. Bei Perserkatzen erleichtert es die Fellpflege ungemein, da sie nach einem Bad wieder seidiges Haar haben, das nicht so schnell zum Verfilzen neigt. Man sollte aber schon in frühester Jugend damit anfangen und das Kätzchen regelmäßig baden.

- **So wird gebadet** Damit die Katze auf dem Boden der Wanne einen guten Halt hat, legen Sie eine Gummimatte hinein. Dann füllen Sie warmes Wasser (ca. 30 °C) etwa 10 cm hoch ein. Halten Sie die Katze fest und machen Sie zuerst den Kopf und dann den restlichen Körper nass. Shampoonieren Sie sie danach mit einem Baby- oder speziellen Katzenshampoo ein, und achten Sie darauf, dass kein Schaum in Augen, Nase und Ohren eindringt. Sorgfältiges Ausspülen, am besten mit einer Dusche, ist besonders wichtig. Danach wird die Katze in ein bereitgelegtes Frotteetuch gewickelt und gut trockengerieben.

- **Gut trocknen** Mit einem leisen Föhn wird das Fell dann ganz trockengeföhnt. Die Katze darf anschließend mindestens einen Tag nicht ins Freie, und auch vor sonstiger Zugluft muss man sie schützen.

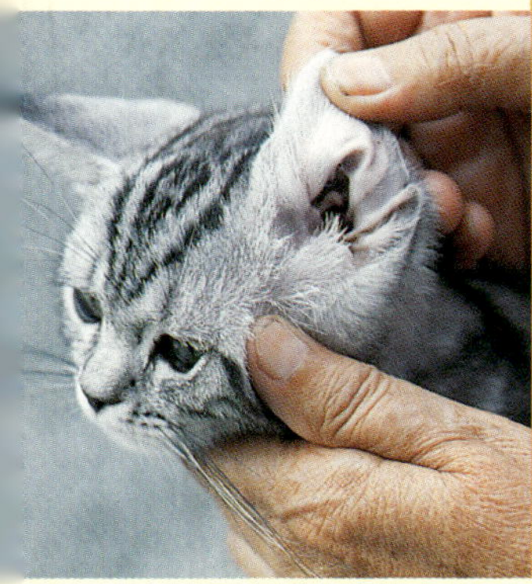

3

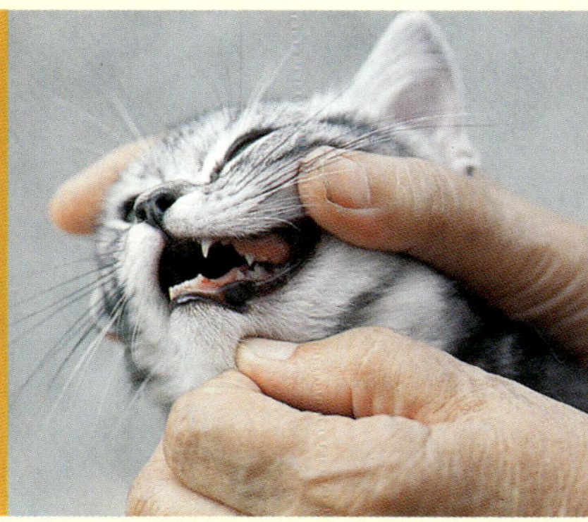

4

Für die Tierarztwahl gibt es keine besonderen Regeln. Viele Tierärzte sind auf Kleintiere spezialisiert. Von Vorteil ist es natürlich, wenn sich Ihr Tierarzt besondert gut mit Katzen auskennt. Sie sollten ihm vertrauen und über alle Katzenprobleme mit ihm reden können.

Besuch beim Tierarzt

Nicht erst im Notfall Vor dem ersten Tierarztbesuch ist es wichtig, dass Sie sich aufgrund der Empfehlungen von Freunden oder des Züchters für einen Tierarzt entscheiden. Warten Sie damit nicht, bis Ihre Katze krank ist oder ein Notfall eintritt, stellen Sie das Kätzchen dem Tierarzt lieber schon einmal vorher vor.Grundsätzlich sollten Sie einmal im Jahr für das notwendige Impfprogramm und Wurmkuren zum Tierarzt gehen. Dabei kann dann auch ein allgemeiner Gesundheitscheck durchgeführt werden.

Begleitperson Wichtig wäre, dass die Begleitperson möglichst immer auch die Bezugsperson des Tieres ist, denn ein Kind oder Bekannter kann meist die Fragen des Tierarztes nicht ausreichend beantworten.

In der Praxis Im Wartezimmer behalten Sie das Kätzchen immer im Transportbehälter, denn die Gefahr der Übertragung von Parasiten oder einer ansteckenden Krankheit wäre viel zu groß.
Im Behandlungszimmer sagen Sie dann dem Tierarzt als Erstes, weshalb Sie gekommen sind. Beschreiben Sie ihm die Symptome, die vom üblichen, normalen Verhalten abweichen. Um in der Aufregung nichts zu vergessen, ist es am besten, sich vorher einige Notizen zu machen.

Vorsicht

Bei jeder ungewöhnlichen Verhaltensänderung, wenn die Katze speichelt und hechelt, ihr Fell stumpf, struppig und glanzlos, der Stuhlgang breiig oder flüssig ist, sollten Sie den Tierarzt aufsuchen. Lieber einmal mehr als einmal zu wenig.

1  2  3 

1 *Momo auf Entdeckungstour im Baum – das macht Spaß und hält fit.*
2 *Beim Klettern trainiert sie ihre Muskulatur*
3 *und kann gleichzeitig ihre Krallen schärfen.*

Impfungen

Zur Pflege und Gesundheitsvorsorge Ihrer Katze gehört auch die Krankheitsvorbeugung. Gegen die gefährlichsten Infektionen kann man die Katze durch Impfungen zuverlässig schützen.

▸ **Katzenseuche** (Panleukopenie) ist eine hochgradig ansteckende, fieberhaft verlaufende Erkrankung der Katze, deren Erreger sehr widerstandsfähig ist. Seit vielen Jahren gibt es aber gegen diese Krankheit einen wirksamen Impfschutz.

▸ **Katzenschnupfen** ist ebenfalls eine weit verbreitete, ansteckende Viruserkrankung, an der Katzen jeden Alters erkranken können, junge Katzen sind jedoch besonders anfällig. Der Name Schnupfen verharmlost die Schwere der Erkrankung. Die Behandlung erkrankter Tiere ist schwierig und kann mehrere Wochen dauern. Deshalb ist eine Impfung dringend anzuraten.

▸ **Leukose** Ein heimtückisches Virus ist der Verursacher der Katzenleukose. Es befällt nicht nur verschiedene Organe, sondern schwächt zusätzlich das Immunsystem der Katze. Eine Übertragung ist nur von Katze zu Katze über direkten Kontakt und infizierten Speichel möglich. Im Gegensatz zum Katzenseuchevirus, das sehr lange außerhalb des Tieres überleben kann, ist das Leukosevirus außerhalb des Katzenkörpers sehr labil und verliert schnell seine Ansteckungskraft. Durch einen Leukose-Test kann nachgewiesen werden, ob das Virus im Blut vorliegt. Seit einigen Jahren gibt es auch hier eine vorbeugende Impfung.

▸ **FIP** Erst in den 60er Jahren wurde das FIP-Virus (Feline infektiöse Bauchfellentzündung) entdeckt. Es greift das Immunsystem des Körpers an, und der Krankheitsverlauf ist in den meisten Fällen tödlich. Es gibt aber auch Tiere,

Impfplan für Katzen

Impfung gegen	Erstimpfung	Zweitimpfung	Wiederholung
▸ Katzenseuche*	8. LW	12. LW	alle 2 Jahre
▸ Katzenschnupfen*	8. LW	12. LW	jährlich
▸ Leukose	14. LW	16. LW	jährlich
▸ Tollwut	einmalig 12. LW		jährlich

(* = kombinierter Impfstoff; LW = Lebenswoche)

die das Virus in sich tragen, ohne Krankheitszeichen zu zeigen. Eine Schutzimpfung gibt es erst seit kurzer Zeit.

Tollwut ist eine akute, immer tödlich verlaufende, virusbedingte Infektionskrankheit, die alle Säugetiere und auch den Menschen befallen kann. Das Tollwutvirus gehört zu den gefährlichsten Viren überhaupt, da es das Nervensystem und das Gehirn befällt und unheilbare Krankheitssymptome verursacht, die zum Tode führen. Katzen, die Freilauf haben, müssen auf jeden Fall dagegen geimpft werden.

1 *Momos Freund Willi, ein echter blauer Brite, bei der Siesta auf der Fensterbank.*

2 *Doch auch jetzt hat er seine Antennen ständig auf Empfang gestellt*

3 *und riskiert sofort einen Blick, wenn er etwas interessantes hört.*

1

Kastration und Sterilisation

Jeder verantwortungsbewusste Katzenhalter steht einmal vor der Entscheidung, seine Katze kastrieren zu lassen. Unkastrierte Katzen oder Kater frei herumlaufen zu lassen, vergrößert nur das Katzenelend und hat nichts mit Tierschutz zu tun. Werden Kätzinnen oder Kater ausschließlich in der Wohnung gehalten, so ist das Sexualverhalten von beiden oft eine unzumutbare Belastung – sowohl für den Menschen als auch das Tier.

Tipp

Ein zusätzlicher Vorteil der Kastration ist, dass kastrierte Kätzinnen fast nie an Gesäugetumoren erkranken.

3

▸ **Kätzin** Vom Frühling bis in den Frühherbst hinein kann eine gesunde Katze alle vierzehn Tage rollig werden. Sie ist unruhig, rollt sich mit gurrenden Lauten auf dem Boden hin und her und schreit nach dem nächsten Kater. Der Zustand dauert einige Tage und zerrt an den Nerven der Mitbewohner. Nach drei oder vier überstandenen Rolligkeiten wird man seine Kätzin gern zur Kastration anmelden.

▸ **Kater** Ein geschlechtsreifer Kater wird dagegen sein Revier, das mit der Zeit auch immer größer wird, mit übel riechendem Urin markieren. Auch hier hilft nur die Kastration.

▸ **Was heißt Kastration?** Als Kastration bezeichnet man die Entfernung der Hoden beim Kater bzw. der Eierstöcke bei der Katze. Manchmal hört man für die Kätzin auch den Ausdruck „Sterilisation", der aber nicht korrekt ist. Sterilisation bedeutet nämlich lediglich die Unterbrechung der Eileiter. Sie würde also nicht die Rolligkeit und das damit verbundene Verhalten verhindern

▸ **Auswirkungen** Leider glauben viele Menschen immer noch, dass Katzen nach der Kastration ihren Charakter verändern. Doch das Gegenteil ist der Fall. Viele unkastrierte Katzen, die nie einem Partner zugeführt werden, verändern sich oft in ihrem Wesen zum Negativen.

Kleine Katzen gehen gerne auf Entdeckungsreise und erforschen neugierig jeden Winkel

Falsch ist ebenfalls die Behauptung, dass kastrierte Katzen fett und faul werden. Sie benötigen zwar etwas weniger Kalorien, aber für das Übergewicht ist eher die Kombination von zu viel Futter und zu wenig Bewegung verantwortlich.

Urlaub

Jedes Jahr um die Urlaubszeit häufen sich die Meldungen, dass verlassene Katzen und Hunde hungernd umherirren oder Katzen tagelang allein in der Wohnung eingesperrt sind. Deshalb sollten Sie sich, bevor ein Kätzchen in Ihr Zuhause kommt, Gedanken über Ihre Urlaubsplanung machen. Denn Katzen sind von Natur aus alles andere als reisefreudig.

Betreuung zu Hause Am besten und liebsten bleiben sie in ihrer gewohnten Umgebung. Dort haben sie ihren Platz zum Schlafen und Fressen. Deshalb ist die optimale Lösung, eine wirklich zuverlässige Person mit der Betreuung zu beauftragen. Diese füttert die Katze zweimal täglich und reinigt die Katzentoilette. Ein zusätzliches „Gespräch", ein kleines Spiel und ein paar Streicheleinheiten tragen wesentlich zum Wohlbefinden der Katze bei. Übrigens gilt auch hier: Zwei Katzen fühlen sich nicht so einsam wie eine.

Bei Freunden Vielleicht haben Freunde oder Verwandte Ihr Kätzchen ins Herz geschlossen und nehmen das pflegeleichte Wesen für die Zeit des Urlaubs zu sich nach Hause. Sollte dies der Fall sein, so nehmen Sie das Tier schon vor der Urlaubszeit einige Male in sein Feriendomizil mit, damit es sich nicht ganz so fremd fühlt. Futternäpfe, Katzentoilette, Streu, Kuschelhöhle und Spielzeug gehören mit ins „Gepäck". Natürlich sollte auch genügend Futter für die Pensionszeit gekauft werden.

Mit in den Urlaub Eine weitere Lösung wäre, dass Sie Ihre Katze mit in den Urlaub nehmen. Bei Ferien in Hotel oder Ferienwohnung fragen Sie bitte vorher

Tipp
Wer keine katzenfreundlichen Bekannten hat, kann Kontakt zu so genannten „Catsitter-Clubs" aufnehmen. In fast allen größeren Städten helfen sich Katzenfreunde auf Gegenseitigkeit nach dem Motto: „Nimmst du meine Katze, nehme ich deine." Während der eine im Urlaub ist, schaut der andere nach der Katze des Urlaubers und umgekehrt.

an, ob Katzen dort auch willkommen sind. Verreisen Sie ins Ausland, erkundigen Sie sich vorher nach den Einreisebestimmungen des jeweiligen Urlaubslandes (Reisebüro, Tierarzt, ADAC, Konsulate).

Auto fahren Ob Sie Ihre Katze mit in den Urlaub nehmen oder zu Freunden bringen – es ist auf jeden Fall von Vorteil, wenn Sie das Kätzchen, solange es noch jung ist, an die Fahrt im Auto gewöhnen. Auch der gelegentliche Besuch beim Tierarzt wird dadurch angenehmer.

Tierheim Für eine absolute Notlösung halte ich die Unterbringung in einer auch noch so gut geführten Tierpension. Für solch ein sensibles Tier wie eine Katze bedeutet das erheblichen Stress.

Ein Liegeplatz mit erhöhtem Rand ist besonders kuschelig und gewährleistet, dass ein kleines Kätzchen auch im Schlaf nicht herausfallen kann.

Zum Weiterlesen

Bücher

Ballner, Maryjean: Streichelmassage für Katzen. Kosmos, Stuttgart 2000
Becvar, Dr. Wolfgang: Naturheilkunde für Katzen. Kosmos, Stuttgart 1996
Brixner, Saskia: Gesundheit und Fitness für Katzen. Kosmos, Stuttgart 1999
Faustmann, Ingo: Katzensprache. Kosmos, Stuttgart 1999
Grimm, Hannelore: Glückliche Wohnungskatzen. Kosmos, Stuttgart 1997
Hensel, Wolfang: Deine Katze. Kosmos, Stuttgart 2001
Herrscher, Rüdiger und **Harald Theilig:** Kosmos Katzenführer. Kosmos, Stuttgart 1999
Johnson, Pam: Katzenpsychologie. Kosmos, Stuttgart 1999
Johnson, Pam: Katzen auf der Couch. Kosmos, Stuttgart 1998
Kilcommons, Brian und **Sarah Wilson:** Das Beste für meine Katze. Kosmos, Stuttgart 1997
Kraa, Gisela: Bachblüten für Katzen. Kosmos, Stuttgart 1996
Lauer, Isabella: Meine Katze. Kosmos, Stuttgart 1998
Leyhausen, Paul: Katzenseele. Kosmos, Stuttgart 1996
Theilig, Harald: Mit Katzen spielen und lernen. Kosmos, Stuttgart 1998
Thies, Dagmar: Rassekatzen züchten. Kosmos, Stuttgart 1997
Turner, Dennis C.: Katzen lieben und verstehen. Kosmos, Stuttgart 1996

Zeitschriften

Geliebte Katze. Gong-Verlag, Nürnberg.
Katzen extra. Symposion-Verlag, Remlingen.
Our Cats. Minerva-Verlag, Viersen.

Adressen

1. Deutscher Edelkatzen-Züchterverband e.V. (DEKZV)
Berliner Str. 13
35614 Asslar
Tel. 0 64 41 / 84 79

Deutsche Edelkatze e.V.
Hubertstr. 280
45307 Essen
Tel. 02 01 / 55 07 55

Deutsche Rassekatzen-Union e.V. (DRU)
Hauptstr. 56
56814 Landkern
Tel. 0 26 53 / 62 07

Süddeutscher Rassekatzen-Verband e.V. (SDRV)
Zwickauer Weg 10
68309 Mannheim
Tel. 06 21 / 70 19 80

Österreichischer Verband für die Zucht und Haltung von Edelkatzen (ÖVEK)
Liechtensteinstr. 126
A–1090 Wien
Tel. 02 22 / 3 19 64 23

Klub der Katzenfreunde Österreichs (KKÖ)
Castellezg. 8/1
A–1020 Wien
Tel. 02 22 / 2 14 78 60

Féderation Féline Helvétique (FFH)
Solothurner Str. 83
CH–4053 Basel
Tel. 0 61 / 3 61 70 64

Cat-Sitter-Clubs

Kontaktadresse:
Verein Deutscher Katzenfreunde e.V.
Silberberg 11
22119 Hamburg
Tel. 0 40 /45 48 42

Register

Impressum

Umschlag von eStudio Calamar unter Verwendung von vier Farbfotos von Christof Salata (privat).

Mit 92 Farbfotos

Die Deutsche Bibliothek – CIP-Einheitsaufnahme
Ein Titelsatz für diese Publikation ist bei Der Deutschen Bibliothek erhältlich

Gedruckt auf chlorfrei gebleichtem Papier

2. völlig neu bearbeitete und neu bebilderte Auflage 2002

ISBN 3-440-08960-6
Redaktion: Claudia Sträb
Gestaltungkonzept: eStudio Calamar
Gestaltung & Satz: Atelier Krohmer, Dettingen/Erms
Produktion: Kirsten Raue, Markus Schärtlein
Reproduktion: Die Repro, Tamm
Printed in Germany / Imprimé en Allemagne
Druck und Bindung: Westermann Druck GmbH, Zwickau

Bildnachweis

Farbfotos von Christof Salata (privat 7: Inhalt alle 3, S. 30/31 alle 4 – aus dem Kosmos-Archiv 7: Klappe Transportbox, S. 17 o+m+u, 41, 43, 44); Ulrike Schanz (20: Klappe alle außer Transportbox, S. 1, 7 r, 8, 9 u, 10, 13, 15 u, 16, 17 l, 20, 34, 40, 50, 57); Annerose Schatter / Kosmos (4: S. 19, 32 o beide, 33 o); alle weiteren 54 Aufnahmen von der Autorin.